Russland anders

Nach Russland-Reihe
russland-buecher.ru

AF192062

Wir danken folgenden Personen für Ihre freundliche Unterstützung und Mithilfe, Swetlana Tonkich, Nadja Kusnezowa und Dimitri Alekseev.

Vorurteile können die schönsten
Erfahrungen verhindern.

© Waltraud Puzicha, (*1925), deutsche Aphoristikerin
Quelle: »Kurz belichtet, Klappe 1 und www.aphorismen.de«

Sandra Ravioli / Roland Bathon

Russland anders

Geheimtipps von Moskau bis Magnitogorsk

Bibliografische Information der Deutschen Nationalbibliothek. Die Deutsche Nationalbibliothek verzeichnet diese Publikation in der Deutschen Nationalbibliografie; detaillierte bibliografische Daten sind im Internet über http://dnb.d-nb.de abrufbar.

Achtung!
Als Service für die Leser unserer Buchreihe haben wir einen Kundenbereich unter http://www.russland-buecher.ru, wo Änderungen und Neuigkeiten publiziert werden.

© März 2008 Sandra Ravioli, Roland Bathon, Alle Rechte vorbehalten. Keine unerlaubte Vervielfältigung oder Verbreitung. Redaktionelle Mitarbeit: Sylvia Rojahn. Herstellung und Verlag: Books on Demand GmbH, Norderstedt. ISBN 9783837015805. Die Homepage der Nach Russland-Reihe findet sich unter http://www.russland-buecher.ru; Umschlaggestaltung: Ekaterina Novakovskaya,

Über dieses Buch: Geheimtipps von Moskau bis Magnitogorsk - unter diesem Motto werden in diesem Buch Anregungen für den etwas anderen individuellen Russlandurlaub präsentiert. Es bietet Insider-Tipps weitab vom westlichen Pauschaltourismus ebenso wie Unbekanntes aus Moskau und Sankt Petersburg. Die vorgeschlagenen Routen lassen sich individuell mit Bahn, Bus, Auto, Mietwagen, Fahrrad oder Schiffen fahren. Das Buch konzentriert sich dabei auf den europäischen Teil des Landes inklusive der Uralregion, der auch für Nicht-Extremtouristen einfach zu bereisen ist. Der Reiseführer eignet sich sowohl für Sommer als auch für Winterreisen.

Über die Autoren: Sandra Ravioli und Roland Bathon sind die Autoren des erfolgreichen Reiseratgebers "Russland auf eigene Faust". Mit dem Reiseführer "Russland anders" setzen sie nun ihre Buchreihe für Osteuropa-Interessierte fort. Die Schweizerin Sandra Ravioli lebt bereits seit 1992 in der Russischen Föderation, Roland Bathon hat auf zahlreichen selbst organisierten Trips in das Land Erfahrungen gesammelt und arbeitet als freier Journalist für die Onlinezeitung russland.ru.

Icons

Anreise

Mit Fahrzeug

Mit Bus

Mit Zug

Für Fahrradfahrer geeignet

Mit Schiff möglich

Museum

Gastronomie

Nachtleben

Weblinks

Übersetzungstools für das Web:

www.translate.ru

www.khd-research.net/Misc/Translations.html

www.online-translator.com/srvurl.asp?lang=de

Inhalt

Gebrauchsanweisung

Ein beliebter Moskauer Studentenwitz geht so: „Weißt Du was das tolle an Moskau ist? Von jedem Bahnhof aus kann man nach Russland fahren".

Der Witz hat etwas für sich, wer Russland kennen lernen möchte, sollte die großen Metropolen Moskau und St. Petersburg hinter sich lassen. Natürlich ist Moskau eine sehr interessante und internationale Stadt, aber ohne Kirchen mit Zwiebeltürmen könnte sie tatsächlich überall auf dieser Welt sein, eben eine typische Weltmetropole. Petersburg ist da schon etwas individueller.

Was Russland für den Westeuropäer einzigartig macht sind die Naturschauspiele, riesige Wälder ohne ausgeschilderte Spazierwege und dem Hinweisschild zum nächsten Gasthof. Wunderbare Seenlandschaften, an deren Ufer nur vereinzelt Holzhäuschen stehen. Flüsse, an denen man persönlich in der Nacht Fuchs und Hase „gute Nacht" sagen kann. In der Provinz kann der Abstand von einem Dorf zum Nächsten ohne Probleme 40 km und mehr betragen.

Wir haben vor jedem Kapital Icons (siehe Seite 6), diese sollen ihnen einen schnellen Überblick über die Fortbewegungsvarianten verschaffen. So wird Fahrradfahrern ein sinnvoller Eindruck vermittelt, wo es lohnenswert ist mit dem Drahtesel unterwegs zu sein und wo man besser mit dem Gefährt auf die Bahn umsteigt.

Wer mit dem Flugzeug ankommt, aber ein Auto mieten möchte, wird in diesem Buch Hinweise auf die einzelnen internationalen Mietwagenfirmen finden.

Leute, die schon immer eine Schiffsfahrt machen wollten finden Tipps, wie man relativ günstig und ohne teure Luxuskabinen die Wolga befahren kann. Detaillierte Informationen zum Straßenverkehr, zu den diversen Unterkunftsvarianten etc. entnehme man aber bitte unserem Ratgeber „Russland auf eigene Faust".

Wir haben versucht, eine Auswahl zusammen zu stellen, die ermuntern soll sich Russland selbst zu Erschließen. Unter keinen Umständen kann der Reiseführer komplett sein. Wir möchten es eher wie eine Menükarte verstehen, wobei Sie die Vorspeise in der Hand halten, damit Sie Lust bekommen die Hauptspeise zu probieren.

Unser Ziel ist es, Ihnen als Leser viele interessante Routen vorzustellen. Aus diesem Grund verzichten wir bewusst darauf, jede einzelne Kirche in jedem Ort genauer zu erklären. Dies würde den Rahmen eines praktischen Reiseführers sprengen. Dafür finden Sie zu jedem Ort weiterführende Weblinks.

Viele der von uns vorgestellten Orte sind keine typischen Westtouristenplätze, so gibt es auch bei den weiterführenden Links oft nur Seiten in Russischer Sprache. Wenn Sie jedoch in ihrer Umgebung Russen kennen, bitten Sie diese, Ihnen kurz zu übersetzen. Sie werden so, schon in ihrem Heimatland feststellen können, dass Russen sehr hilfsbereite Menschen sind.

Die Autoren im Frühjahr 2008

Teil I Die Wahl der Fortbewegung

Russland ist mehr als Moskau und Petersburg, um die Weiten der Wälder und Seen zu entdecken bieten sich neben Mietfahrzeugen auch Fahrräder und Schiffe an.

Man muss nicht mit Reisegruppen reisen, um dieses wunderschöne Land schätzen zu lernen. Wer allein unterwegs ist, kann sich selbst aussuchen, wann er wo, wie lange Rast macht oder was er sich konkret länger oder kürzer ansehen möchte. Daneben steigen die Chancen mit netten und herzlichen Menschen in Kontakt zukommen.

Mietauto

Wer keine Lust hat mit dem eigenen Fahrzeug bis nach Russland zu fahren, kann in Moskau und Petersburg direkt am Flughafen ein Auto mieten. Dabei gilt für Touristen am besten vorreservieren. Alle namhaften Mietwagenfirmen von Herz über Avis bis Sixt gibt es auch in Russland. Das Fahrzeug kann auch in Petersburg gemietet und in Moskau abgeben werden. Einziger Nachteil, die Mietpreise sind deutlich höher als in Westeuropa. Manche Firmen hüllen sich über die Preise auf ihren Internetseiten in absolutes Schweigen, da bleibt nur Anfragen und Preise vergleichen.

Während Avis in Moskau und Petersburg vertreten ist, bietet Herz auch Fahrzeuge in Ekaterinenburg, Novosibirsk, Samara, Rostow na Donu, Tschelabinsk und sogar in Sachalin an. Über die Preise schweigt sich aber auch Hertz auf ihren Internetseiten aus. Einzig Sixt macht eine Ausnahme und ist transparenter. Das billigste Fahrzeug kostet dort im Tag 54 Euro oder zum Wochenendtarif Euro 125, allerdings lediglich mit 600 Fahrkilometern inklusive, jeder Kilometer mehr muss extra bezahlt werden. *Die Internetadressen der bekannteren Mietwagenfirmen finden Sie im Anhang.*

Daneben gibt es auch russische Mietwagenfirmen. Als Ausländer dürften Sie es aber schwer haben, da diese Firmen meistens nicht einmal viel mit Ihrem Führerschein anfangen können.

Die Sparvariante ist natürlich ein Auto von Freunden oder Familienmitgliedern auszuleihen. Anders als in Westeuropa müssen Sie aber vom Fahrzeughalter eine schriftliche Einwilligung mit sich führen (gibt es als Formblatt in Papeterien und Poststellen zu kaufen), als Nachweis, dass Sie dieses Auto wirklich benützen dürfen. Die Straßenpolizei kontrolliert Fahrbewilligungen nach.

Dem Ausleihen eines Fahrzeuges von Freunden steht noch die hiesige Mentalität entgegen, während Russen ohne weiteres bereit sind Freunden und Bekannten Geld auszuleihen, sieht dies ganz anders bei Sachwerten aus. Ein Überbleibsel aus der Sowjetzeit nach dem Motto „Geld kann man leicht ersetzen, einen Sachwert dagegen schwerer".

Das Fahrverhalten und besondere Bestimmungen über Straßenverkehrsregeln in Russland, können Sie ausführlich in unserem Reiseführer „Russland auf eigen Faust" nachlesen. Wir bitten um Verständnis, dass wir dies nicht nochmals ausführlich darlegen.

Fahrrad

Sie möchten mit dem Fahrrad die Natur Russlands erkunden, in diesem Fall gibt es zwei Varianten: Erstens, Sie bringen Ihr eigenes Fahrrad mit (was aber im Flugzeug schnell zu Übergepäck führen kann) oder Sie kaufen sich ein Fahrrad in Russland. Ab rund 90 Euro bekommen Sie Fahrräder mit 17 Gängen, Alugestell etc., meistens aus chinesischer Produktion. Nach oben sind die Preise offen, da Sie aber Ihr Fahrrad wohl kaum mit nach Hause nehmen werden, empfehlen wir die durchaus alltagstaugliche 90 Euro Variante.

Den Rest der Ausrüstung kann man in vielen russischen Städten vor Ort besorgen. Zweimannzelte gibt es ab 70 Euro, Schlafsäcke ab 50 Euro.

Günstige Fahrräder finden Sie unter anderem in den Einkaufszentren Megamail und bei Metro (bei Letzterem benötigen Sie jemand der die Metrokarte besitzt) und auf Märkten die Haushaltstechnik führen. Spezialisierte Sportgeschäfte wie Sportmaster sind dagegen in den teuren Preisklassen angesiedelt und verkaufen nur bekannte Markenwaren.

Im Anhang finden Sie einige Internetgeschäfte die Fahrräder ab 30 Euro anbieten. Die Seiten sind jedoch auf Russisch, also jemanden um Hilfe beim Bestellen oder Telefonieren bitten. In den Städten sollte man das Fahrrad fahren lieber unterlassen, da es keine Fahrradwege gibt. Wir empfehlen Fahrrad und Ausrüstung mit der Bahn, dem Schiff oder der Elektrischka bis zu einer weniger hektischen Stadt zu

transportieren und erst ab dort den weiteren Weg mit
Drahtesel zurück zu legen.

Bahntickets und Elektrischka

Elektrischkas sind Vorortzüge (da sie von der Ausstattung her
nichts mit der S-Bahn gemein haben, bleiben wir beim
russischen Wort „Elektrischka"). Die Tickets kann man am
Bahnhof an der Kasse kaufen. Achtung! Die Bahnsteige und
auch die Kassen für die Elektrischkas sind von den normalen
Zügen getrennt.

Für die Elektrischkas benötigt man, anders als für die
Fernzüge, keinen Personalausweis zum Ticketkauf.
Elektrischkas fahren zum Teil sehr weit und theoretisch kann
man via Elektrischka auch durch das ganze Land fahren. Von
Sowjetzeiten bis heute ist das ein Hobby von abenteuerlichen
Studenten, da die Tickets viel billiger sind (viele versuchen
auch einfach schwarz zu Fahren, was wir aber ausdrücklich
nicht empfehlen). Nachteil, Elektrischkas halten praktisch an
jedem Bahnhof auch dann, wenn es dort nur fünf Häuser gibt,
was die Fahrzeit schnell verdreifacht. Toiletten gibt es
meistens entweder gar nicht oder sie sind in keinem
benützungswürdigen Zustand. Fahrpläne findet man entweder
direkt am entsprechenden Bahnhof oder bei größeren
Bahnhöfen auch im Internet (rudimentäre Russischkenntnisse
sind von Vorteil).

Die normalen Züge wurden auch schon ausführlich in
„Russland auf eigene Faust" behandelt. Wichtig ist, wer in
Russland eine Fahrkarte kauft, muss den Personalausweis
vorlegen. Dieser wird im Waggon auch der Zugbegleiterin

ausgehändigt und später von ihr zurückgegeben. Tickets kauft man am besten in den späten Abendstunden oder früh am Morgen, da die Schlangen vor den Fahrkartenschaltern deutlich kürzer sind. In den meisten Städten findet man Privatfirmen die ohne Anstehen Zugtickets verkaufen. Einige Adressen haben wir im Anhang aufgeführt.

Seit dem ersten Januar dieses Jahres, können Sie Fahrkarten auch Online kaufen und am Bahnhof vor Ort abholen. Dies erleichtert den Fahrkartenkauf bereits in Deutschland. Für diesen Service wird ein Aufschlag von 143 Rbl (rund 4 Euro) pro Fahrkarte erhoben.

Die Karten bekommen Sie am Abfahrtsbahnhof in Russland und zwar im sog. Service-Center (praktisch ohne anstehen). Kaufen kann man diese Karten bis 45 Tage vor Abfahrt des Zuges.

Dieser Service umfasst auch internationale Strecken (z.B. Moskau – Peking) oder die Transsibirische Eisenbahn.

www.rzd.ru	Ticketkauf Online in Russisch

Per Bus

Wenn Sie per Fahrrad unterwegs sind, ist der Bus leider keine Variante, da man das Fahrrad, meistens nicht mitnehmen darf. Hier muss mit dem Busfahrer verhandelt werden. Es gibt in jeder Stadt sog. Busbahnhöfe.

Per Schiff

Wir haben einige Reisestrecken die man zumindest in einer Richtung anstelle des Zuges mit dem Schiff machen kann. Hier gilt, wer vor Ort kauft, bekommt viel billigere Tickets. Dies hat aber den Nachteil, vielleicht auch einmal einen Tag an Land bleiben zu müssen, sei es weil die Passagen ausgebucht sind oder das Schiff an diesem Tage nicht fährt. Für jüngere Leute mit Zeit aber eine durchaus attraktive und interessante Variante. Ausführliche Informationen finden Sie im Anhang, allerdings meistens auf Russisch.

Folgende Varianten, die wir auch ausführlich in diesem Buch besprechen, stehen in den Sommermonaten zur Verfügung:

Routenbeispiele	Tage
Moskau-Uglitsch-Jaroslawel-Moskau	4
Moskau-Uglitsch-Jaroslawel-Kastruma-Moskau	5
Moskau-Uglitsch-Jaroslawel-Kastruma-Pljes-Nischni Nowgorod- Moskau	7
Moskau-Nischni Nowgorod- Tschiboksare-Kasan	8
Moskau- St.Petersburg	6-9

Wobei Sie bei jeder dieser Variante in einer beliebigen Stadt von Bord gehen können. Sie können aber auch eine Rundreise nur per Schiff und kurzen Landgängen buchen.

Preisbeispiel: Moskau – Petersburg: 2007 kostete eine Passage für zwei Personen für 7 Tage zwischen 350 bis 700 Euro (Preis ohne Gewähr), allerdings nicht über eine Kasse am Hafen, sondern über ein russisches Reisebüro.

Wer Sparen möchte und Zeit hat, sollte die Karten direkt an der Hafenkasse kaufen. Karten ab Jaroslawl sind dabei zum Beispiel bis zu 50 Prozent billiger als ab Moskau. Neben den schicken, aber teuren Kreuzfahrtflussschiffen gibt es auch billigere Schiffspassagen ohne jeglichen Luxus, die aber nicht per Internet einsehbar sind sondern nur direkt am Hafen erfragt werden können. Daneben bieten viele Wolgastädte auch Kurzfahrten an, z.B. von Jaroslawl nach Kastruma.

Elchkinderstube auf der Elchfam

Der wissenschaftliche Leiter der Elchfarm, Alexander Minaev
mit einem erwachsenen Exemplar.

Teil II Rundfahrten vor dem Ural

Rundreise 1

Russland beginnt nach dem Moskauer Autoring, wer also Russland kennen lernen möchte, hier folgen Rundreisevorschläge, zu bewerkstelligen per Auto - oder Elektrischka (wahlweise natürlich auch per Zug) viele Orte auch per Schiff und natürlich Teilstrecken mit dem Fahrrad.

Wladimir – Susdal – Ivanov – Pljes

Wladimir liegt 180 km von Moskau entfernt, mit dem Auto in drei Stunden leicht zu erreichen. Die Straße ist in gutem Zustand aber für Fahrradfahrer zu hektisch (also lieber mit dem Zug oder Bus bis Wladimir fahren).

Autobus ab Schelkowski Autobusbahnhof (neben der gleichnamigen Metrostation, blaue Linie). Elektrischka ab Bahnhof Kurskaja (Fahrplan in Russisch http://www.tutu.ru) Mit dem Auto von Moskau aus in Richtung Wladimir – Nischni Nowgorod auf der M7.

Wladimir (Владимир) wurde 1108 gegründet, wir benützen die Stadt eigentlich mehr als Durchgangsort nach Susdal. Kulturhistorisch ist die Ikone „Das jüngste Gericht" von Andrey Rubljow von Bedeutung, das sich im hinteren Teil der Maria Himmelfahrtskathedrale im Zentrum der Stadt befindet. Rubljow gehört zu den führenden Ikonenmalern Russlands und lebte zwischen ca. 1360 bis 1430. Ein goldenes Stadttor und die Demetriuskathedrale, sowie ein

Frauenkloster und viele alte Stadtbauten aus dem 19. Jahrhundert runden die Sehenswürdigkeiten ab. Wer Zahlen mag, die Stadt hat rund 340 Tausend Einwohner.

Foto: Uspenskikathedrale

Internetressourcen:

www.vladimir-city.ru/welcome/	Englisch/Russisch
www.museum.vladimir.ru/ index_e.php3	Englisch

Wir aber fahren 30 km weiter nach **Susdal** (Суздаль)! Eine der schönsten und wohl romantischsten Orte in Russland. Wer Wintermärchen mag, muss sich diese Stadt im Winter ansehen, aber auch im Sommer ist diese Stadt wunderschön, wenn auch mit Touristen überfüllt. Die Stadt geht auf das 9. Jahrhundert zurück, besitzt absolut keine Industrie und sieht genau so aus, wie man sich dies in Westeuropa nach dem Lesen Russischer Märchen vorstellt.

Im Zentrum der Stadt liegt der sog. Gostini Dwor (ein multikomplexes Gebäude, dass es in jeder alten Stadt gab). In früherer Zeit wurden in Gebäuden mit dieser Bezeichnung Gäste der Stadtobrigkeit untergebracht. Man konnte seine Pferde wechseln, essen und Zimmer mieten. Zum Ambiente dieser Häuser gehörten auch schon immer Markthallen, die im kalten langen Winter einfach unsere Marktplätze ersetzen.

Auf der Rückseite des Susdaler Gostini Dwor gibt es eine Schankstube, in der man Medawucha kosten kann. Ein klassisches Getränk älter als Wodka, das mit Honig und diversen Geschmacksbeigaben (von Nüssen über Früchte bis zu Pfeffer) getrunken wird. Medawucha gibt es mit und ohne Alkohol in mehr als 40 Sorten.

Linker Hand vom Gostini Dwor geht es runter zum Susdaler Kreml, der auf das 13. Jahrhundert zurück geht, jedoch mehrere Male nieder gebrannt und wieder aufgebaut wurde, so dass er in seiner heutigen Gestalt ungefähr aus dem Ende des 14. Jahrhunderts entstammt.

Das Restaurant im Kreml können wir wärmstens empfehlen.

Der Kreml und das Erlöser Euthymios Kloster gehören zum UNESCO Weltkulturerbe.

In diesem Kloster war auch General Paulus einige Monate interniert und Katharina die Große ließ einst aufständische Bauern im Klostergefängnis schmoren. Geht man weiter über eine Holzbrücke kommt man zu einem

Freilichtmuseum. Man sollte es sich nicht entgehen lassen, es bietet Einblick in viele klassische russische Handwerkskünste.

Mittlerweile gibt es in Susdal mehrere kleine Privathotels. Wer mit dem Fahrrad unterwegs ist findet vielleicht ein nettes Plätzchen nach der Stadt am Fluss Kamenka, der durch Susdal fließt.

Machen Sie einen Rundgang, rechter Hand vom Gostini Dwor, schauen Sie sich ruhig die beschaulichen Hinterhöfe der Häuser an, die etwas entfernt von der Hauptstraße liegen. Richtig, die Hinterhöfe sind nicht renoviert und Gras sprießt zwischen Katzensteinen, aber dies hat seinen Charme und wird in einigen Jahren wohl renoviert sein. Dann wird aber der gleiche Hof seine Romantik zu Gunsten eines ordentlichen Aussehens verloren haben.

Internetressourcen:

poezdka.de/113/Russland/goldenerring/ susdal.html	Deutsch
suzdal.org.ru/hotels.htm	Hotels Russisch

Die Stadt **Iwanowo** (Иваново) liegt rund 130 km nördlich von Susdal. Eine reine Industriestadt, die in ganz Russland für Ihre Textilindustrie bekannt war. 1710 ordnete Peter der Große an, in der Stadt Webereien zu eröffnen. Die Stadt wird auch als Stadt der Bräute bezeichnet, da in den Webereien traditionell vor allem Frauen beschäftigt werden. Slawa Saizew der sich in der Sowjetunion einen Namen als Couture von Raissa Gorbatschow gemacht hat, stammt aus dieser Stadt. In der Stadtarchitektur sind einige schöne Beispiel von Jugendstilbauten und Konstruktivismus zu finden. Die Stadt leidet heute unter hoher Arbeitslosigkeit.

Internetressourcen:

| www.tourizm.ivanovo.ru/en/ | Englisch |

Wir aber fahren weiter nach Pljes.

Pljes (Плёс), malerisch an der Wolga gelegen, wurde erstmals 1410 urkundlich erwähnt. Der Ort ist nur 370 km von Moskau entfernt. Ohne weitere Stadtbesichtigungen in rund 5 Stunden mit dem Auto von Moskau aus, bequem zu erreichen. Von Petersburg aus, lässt sich dieser Ort auch mit dem Schiff anfahren. Pljes gehört zu den Künstlerdörfern. Repin hat hier, wie auch Levitan, viele seiner Gemälde im Urlaub gemalt und Schaljapin sang an diesem angenehmen Ort. In der Stadt kann man sowohl Datschas als auch Privatzimmer mieten, wer es aber teuer mag, kann sich im Hotel Jachtclub einmieten.

Pljes ist 65 km von Iwanowo entfernt. Wer mit dem Zug oder dem Autobus bis Iwanowo fährt, kann ab dort mit dem Taxi (ca. Rbl. 2000 rund € 50) oder dem Fahrrad nach Pljes fahren. Viele Ausflugsziele wie Kastruma, rund 71 km oder die Elchfarm rund 80 km von Pljes entfernt, machen das ruhige Dorf zu einem idealen Aufenthaltsort.

Die Stadt hat eine reizende Architektur und gehört zurzeit zu den lauschigen Modeorten in Russland. Vom Studenten bis zum Künstler und weiter zum Millionär kann man in diesem Dorf, mit offiziell nur 2.300 Einwohnern, auf Grund seiner demokratischen Preise, alles treffen.

Direkt an der Wolga gelegen, gibt es besonders im Sommer für jeden Geldbeutel angemessene Restaurants. Man kann auch Boote mieten, reiten oder unter anderem das Levitanmuseum besuchen.

Pljes ist auch als Heilkurort für Lungenkranke bekannt. Das Touristenbüro gibt Auskunft über Privatzimmer (Tel. Nr. im Anhang).

Im Winter kann man in Pljes Neujahr verbringen und mit Schneemobilen, Schlittenfahrten und anderen Wintersportarten das russische Wintermärchen in dem kleinen malerischen Dorf feiern. Ein kleines Privathotel bietet auch ein Programm zwischen dem 24.12. und dem 26.12. all inclusive an.

Übrigens, westliche Touristen werden Sie kaum treffen, der Ort gehört noch zu den absoluten Geheimtipps!

Internetressourcen:

www.plios.ru	Russisch
pless.ru/content/ view/10/18/	Deutsch, nettes Privathotel

Zug und Autobus bis Iwanowo und Autobusfahrplan Pljes

Züge

Ab Moskau Jaroslawski Bahnhof:
Nr. 674J Moskau – Kineschma ab 0.25 Ankunft 6.25
Ab St. Petersburg bis Iwanowo
St. Petersburg – Iwanowo ab 17.30 Ankunft 9.40
St. Petersburg – Samara ab 18.35 Ankunft 10.20

Autobus ab Metrostation Schelkowskaja Moskau bis Pljes

Abfahrt 11.15 und 18.50 (Fahrzeit ca. 5 – 6 Stunden)

Autobus ab Metrostation Schelkowskaja Moskau bis Iwanowo

über Pokrow jeweils ab 7.10 / 7.50 / 9.30 / 10.30 /14.00
über Wladimir jeweils ab 8.40 / 12.10 / 13.00/14.50

Ausflüge oder Weiterfahrt von Pljes nach

Kostroma – Elchfarm – Jaroslawl – Moskau (oder noch weiter)

Diese Route lässt sich natürlich auch von Moskau via Jaroslawl ohne Besuch von Pljes befahren. Wahlweise mit Auto, Zug und Bus oder einfach mit dem Schiff.

Die Stadt **Kostroma** (Кострома) liegt rund 70 km von Pljes und rund 370 km von Moskau entfernt. Die Stadt wurde 1152 vom Fürsten Dolgoruki (wie übrigens auch Moskau) gegründet und liegt an der Wolga. Die Altstadt ist architektonisch im klassizistischen Stil erhalten. Überhaupt ist, wie auch die Stadt Jaroslawl, Kostroma ein Juwel für Leute die alte Architektur zu schätzen wissen.

Sehenswert ist das Iptios-Kloster, in dem der erste Zar der Romanows lebte, als er in Moskau auf den Zarenthron gewählt wurde. Im Kloster selbst befinden sich ein Palais aus dem 17. Jahrhundert und der Bischofssitz aus dem 19. Jahrhundert. Eines der wichtigsten Gebäude ist der Gostini Dwor am Hafen. Gebaut Ende des 18. Jahrhunderts ist es bis heute ein Juwel des russischen Klassizismus der damaligen Zeit. Eine echte Rarität ist auch der gelbe Feuerturm im Zentrum der Stadt. Wer hier übernachten möchte, findet bei den Links weiterführende Infos.

Eine Straße im Stadtzentrum.

Internetressourcen:

www.kostroma.net/eng/	Englisch
russlandjournal.de/russland/ goldenerring/kostroma.html	Deutsch
old.kostroma.net/streets.html	Russisch

Besonders der letzte Link ist sehr interessant. Eine ausführliche Geschichte zu jeder Straße im Zentrum der Stadt.

Anfahrt mit öffentlichen Verkehrsmitteln von Jaroslawl

Elektrischka ab Jaroslawl – Kostroma

Ab 10.23 / 11.50 / 18.18 / 20.30

Mit dem Schiff ab Jaroslawl

Die Elchfarm sollte man sich auf keinen Fall entgehen lassen. Man fährt rund 20 km von Kostroma aus bis zur Ortschaft Gridino (genauer Lageplan siehe unter dem Link Elchfarm). Im Sommer muss man nach rechts abbiegen und den Weg entlang fahren, das Winterquartier kommt links gleich nach der Ortschaft. Diese riesigen und majestätischen

Tiere entzücken ganzjährig.

Die Jungtiere darf man im Frühsommer streicheln und die Teenager-Elche, die schon eine beachtliche Größe haben, kann man nach Angaben der Pfleger füttern.

Die größeren Jungtiere und die erwachsenen Elche, sieht man allerdings nur im Winter, da sie während der Sommermonate, mit Peilsendern um den Hals, im Wald unterwegs sind.

Die Farm melkt die Elche für ein nahe gelegenes Sanatorium und wir können nur empfehlen, die Milch zu probieren, sie ist wirklich köstlich. Ein Ausflug, den man nie wieder im Leben vergisst!

Internetressourcen:

moosefarm.newmail.ru/mfe01.htm	Englisch

Rund 90 km von Kostroma entfernt besuchen wir die Stadt **Jaroslawl** (Ярославль), sie ist rund 1.000 Jahre alt und wurde erstmals um 1010 n.Chr. erwähnt. Auch diese Stadt liegt an der Wolga und bezaubert durch eine gut erhaltene Innenstadt. Besonders die Nebenstraßen, die von der Wolgapromenade abgehen, sollte man sich ansehen. Sie haben ihr eigenes romantisch-ruhiges Flair. Man hört förmlich die Pferdehufe und die Kutschenräder, die in den Seitenstraßen verschwinden. Die Stadt verfügt mittlerweile auch über eine Fußgängerzone rechts vom Gostini Dwor.

Die Wolga war einst der wichtigste Transportweg im russischen Reich, so kam Jaroslawel bereits im 13.Jahrhundert zu Reichtum. Viele Handwerker und Handelskontore sorgten früh für eine erste Blüte der Stadt. Unzählige Architekturbauten aus diversen Jahrhunderten geben der Stadt eine besondere Note. Wir empfehlen am Wolgaufer unbedingt das Uhrenmuseum zu besuchen. Die Christi-Erlöser Kirche am Ufer und das Kunstmuseum dürfen nicht fehlen.

(Unterkünfte etc. siehe Linkseiten).

Internetressourcen:

russlandjournal.de/russland/ goldenerring/ jaroslawl.html	Deutsch
www.adm.yar.ru/english/index.aspx	Englisch
kuda-kogda.ru	Russisch*

*Restaurant und Nachtleben in Jaroslawl

Nun geht es entweder zurück nach Moskau oder weiter nach Wologda, auf einer guten Straße von Jaroslawl rund 160 km entfernt.

Wologda – Belosersk – Tscherepowez

Fahrradfahrern raten wir an, von Jaroslawl mit Bus oder Zug nach Wologda zu fahren. Sobald Sie aus Wologda draußen auf der Landstraße sind, ist der Verkehr sehr gering und man kann bis nach Tscherepowez die ganze Strecke mit dem Fahrrad fahren. Ein Paradies für wilde Camper und Seepanaromafreunde.

Wologda (Вологда) war im 13. Jahrhundert Ausgangsort für die Missionierungen im Nordosten des heutigen Russlands. Die Stadt selbst ist nicht sonderlich spektakulär, sondern eher ein gutes Beispiel für eine Provinzstadt im 21. Jahrhundert. Viel wichtiger ist die Weiterfahrt Richtung Belosersk. Die Fahrt beschert Ihnen einen wirklichen Eindruck der unglaublichen Weiten der russischen Natur, entlang von Seen und Wäldern.

Belosersk liegt rund 218 km von Wologda entfernt, die Straße ist 2007 in einem guten Zustand. Entlang der Wegstrecke gibt es viele Seen, sie sind von der Straße einige Kilometer entfernt, allerdings auf Sichtkontakt.

Internetressourcen:

www.vologda-oblast.ru/main.asp?LNG=DEU   (Deutsch mit Zugfahplänen)

Belosersk (Белозерск) war Sitz des Warägerfürsten Sineus und wird namentlich erstmals 862 n.Chr. erwähnt.

Die Waräger waren durch Eide und Handelsinteressen zusammen geschmiedete skandinavische Männerbünde. Sie nutzten im Baltikum und in Russland die Flüsse für rege Handelskontakte. Insbesondere Wolga, Don und Dnjepr gehörten zu diesem Handelsnetz. Sie gelangten bei ihren Handelsfahrten über das Schwarze Meer bis nach Konstantinopel. Ab dem 12. Jahrhundert gliederten sie sich fast vollkommen unter den Slawen ein. Seine Blütezeit hatte Belosersk als Umschlags-platz von Handelsgütern im 15. und 16. Jahrhundert.

Sehenswert ist der Kreml direkt im Stadtzentrum am Weißensee gelegen. Praktisch unangetastet in den letzten hundert Jahren hat er eine ganz besonders intensive Ausstrahlung.

Der Beloserski Kanal, der 1846 in Betrieb genommen wurde, verläuft quer durch die Stadt und sorgte dafür, dass Schiffe vom finnischen Meerbusen über den Onegasee, den Weißensee bis zur Wolga und weiter nach Astrachan fahren konnten.

Das Zentrum der Stadt besteht bis heute aus vielen alten Holzbauten. Weniger spektakulär ist die Gastronomie, belegte Brote und Schokoriegel als Notration sind zu empfehlen.

www.vologdaoblast.ru/main.asp? LNG=DEU	Deutsch*
www.nortfort.ru/kbm/index_e.html	Englisch

*Sehr gute Seite der Regierung der Region mit vielen touristischen Tipps in Deutsch.

Wir fahren von hier 118 km südlich nach **Tscherepowez** (Череповец). Auf den ersten Blick eine unangenehme Industriestadt (Severstal eine Eisenhütte ist hier beheimatet). Der erste Eindruck jedoch täuscht. Nachdem Sie nun schon viele Städte in Russland besucht haben, werden Sie über die Innenstadt von Tscherepowez staunen.

Neben den vielen kleinen und größeren Kaffees und Restaurants im Stadtzentrum werden Sie zurzeit keine andere Stadt in Russland finden, die so liebevoll und stilgerecht renoviert wurde.

Auch neue Häuser im Stadtzentrum sind nicht über drei Stockwerke hoch und manch ein Haus erinnert in seiner Bauart nicht umsonst an Finnland. Ursprünglich lebten in dieser Stadt finnische Minderheiten. Man möchte manchen russischen Bürgermeister zwangsweise in diese Stadt schicken, so angenehm und zivilisiert wurde hier das Zentrum renoviert. Die Fußgängerwege in dieser Stadt sind wohl absolut Unikat, behinderten- und kinderwagengerecht, akkurat gebaut mit normalen Rampen bei Straßenübergängen. Neue Bäume säumen die Hauptstraße und ein Spaziergang am Rybinsker Stausee, an dessen Nordufer die Stadt liegt, ist einfach ein Muss.

Dieser Stausee ist übrigens der zweitgrößte in Europa, größer ist nur der Samarer Stausee.

Der Stausee wurde zwischen 1935 bis 1947 gebaut. Wegen seiner Größe wird er auch gerne Rybinsker Meer (4.580 m²) genannt.

Für diesen riesigen See musste die Region ihren Preis bezahlen, hunderte von kleinen Ortschaften wurden dafür überflutet und die Bewohner umgesiedelt.

Internetressourcen:

wapedia.mobi/de/Oblast_Wologda	Deutsch

Hier endet diese Rundreise, bis Moskau fährt man rund 280 km. Je nachdem wie lange Sie an welchem Ort bleiben, ist diese Route mit 7 bis 14 Tagen mit dem Auto bequem zu bewerkstelligen. Mit Fahrrad, Elektrischka und Bus ca. zwei Wochen bis zu einem Monat.

Eine grobe Übersichtskarte über diese Rundreise finden Sie auf der nächsten Seite.

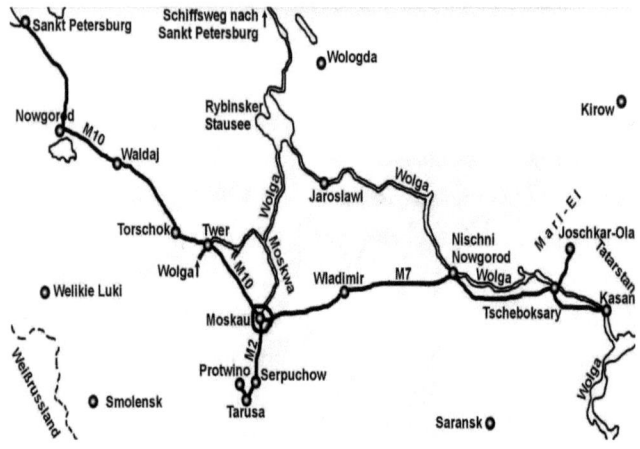

Diese Karte bietet auch eine Übersicht über den
Wolgaflussverlauf.

Moskau - Sergijew Possad – Kaljasin – Uglitsch – Myschkin – Jaroslawel

Wer mit Fahrrad unterwegs ist, kann diese Route von Sergiew Possad bis Jaroslawl die ganze Strecke mit Drahtesel durchführen. Außer am Freitagabend ist das Verkehrsaufkommen recht gering. Die Elektrischka nimmt man ab dem Jaroslawski Bahnhof (die Gleise und Kassen sind rechter Hand vom eigentlichen Bahnhof gelegen).

Mit Ausnahme von Sergeijew Possad und Kaljasin kann man diese Strecke auch mit dem Schiff befahren (in diesem Falle am Besten ab Jaroslawl da billiger als ab Moskau!).

Sergijew Possad (Сергиев Посад) liegt ca. 70 km von Moskau Richtung Jaroslawl entfernt. Die Autobahn (M8) ist in gutem Zustand. Das Dreifaltigkeits-Sergijew Kloster ist die Hauptattraktion der Stadt. Ab 1946 war das Kloster der Hauptsitz der russisch-orthodoxen Kirche und man kann es zu Recht als Russischen Vatikan bezeichnen.

Ein imposantes Kloster, mit angeschlossener theologischer Schule und einem Männerchor, den man bei den Proben am Nachmittag im ganzen Gelände hört. In den letzten Jahren wurde auch das Stadtzentrum nett renoviert.

Im Gegensatz zu anderen Klöstern, sind für Frauen weder Rock noch Kopftuch Vorschrift.

Internetressourcen:

www.eurasischesmagazin.de/artikel/?
artikelID=20051109 (Deutsch, interessanter Artikel von
2005)

www.stsl.ru/languages/de/index.php (Deutsch, offizielle
Seite des Klosters)

Wir fahren weitere 70 km zur Stadt **Kaljasin** (Калязин) an
der Wolga.

Bei der Einfahrt der Stadt sehen Sie linker Hand ein
Restaurant mit einem Schild „Sakusischnja", was so viel wie
Vorspeisen heißt. Im Sommer kann man draußen sitzen. Die
Küche ist dort nicht nur sehr billig, sondern vor allem sehr
köstlich, mit vielen armenischen Spezialitäten. Unbedingt
„Soljanka po Atscharski" probieren, eine Art feuriger
Fleischeintopf der nichts mit der russischen Soljanka zu tun
hat. Fahren Sie bis zur Wolga durch die Stadt hindurch.

Mitten in der künstlich gestauten Wolga
sehen sie einen Glockenturm. Im Winter
kann man ihn über die Eisdecke erreichen,
im Sommer kann man hin schwimmen
oder sich mit einem Boot bis zum Turm
fahren lassen. In den 30er Jahren wurden
hunderte von Dörfern überflutet und der Glockenturm mahnt,
dass hier einst Ortschaften waren, die schon lange in den
Fluten verschwunden sind. Ein sehr netter und sympathischer
kleiner Ort.

www.towns.ru/towns/kalyazin.html	Russisch
pervan.de/reiseberichte/ Bild*versunkene_Kirche_von_Kaljasin *51292	Deutsch

30 km weiter besuchen wir die Stadt **Uglitsch** (Углич), die rund 200 km von Moskau entfernt an der Wolga gelegen ist, um genauer zu sein am so genannten Uglitscher Stausee. Eine riesige Schleuse, die auch als Brücke für Fußgänger und Fahrzeuge dient, führt über die Wolga.

Die Stadt verfügt über recht viel Altstadt und sehr interessante Gebäude in und um den Kreml. Nach dem Tod Ivan des Schrecklichen wurde seine Frau und sein Sohn Demetrios in Uglitsch in der Stadt versteckt. Dennoch kam Demetrios 1591 unter  ungeklärten Umständen zu Tode. Man vermutet Boris Godunow lies ihn töten um das Zarengeschlecht der Rurikiden zu beenden (die auf die Waräger zurück gingen und somit Skandinavier waren) um an seiner Stelle selbst Zar zu werden.

Wir fahren über die Brücke auf die andere Seite der Wolga weiter nach Myschkin, rund 33 km von Uglitsch entfernt.

Internetressourcen:

| www.uglich.ru/turizm/ (Russisch) |
| uni-weimar.de/Bauing/iww/exkursionen/wolga/ Uglitsch.htm (Deutsch, Erfahrungsbericht) |

Myschkin (zu Deutsch „Maus") (Мышкин) verfügt neben sehr hübschen Straßen rund um das Wolgaufer vor allem über viele, teils private, Museen.

Der Legende nach lagerte einst ein Fürst neben der Wolga und schlief ein. Nach einiger Zeit weckte ihn eine Maus. Zuerst wurde der Fürst sehr böse, bis er neben sich eine giftige Schlange entdeckte. So rettete ihm die Maus das Leben und zum Dank baute der Fürst eine Kapelle und um die Kapelle herum entstand die Stadt.

Ausgrabungen rund um die Stadt deuten daraufhin, dass hier schon Menschen rund 8.000 Jahre vor Christus lebten. Myschkin hat frühzeitig den Tourismus für sich entdeckt, der ansonsten größte Arbeitgeber der Stadt ist heute Gasprom. Zu Ehren eines der größten Kinder der Stadt, des Wodkaherstellers Smirnow, gibt es auch ein Museum der Familie. Dostojewski soll hier in dieser Stadt auch die Hauptfigur für seinen Roman „Der Idiot" gefunden haben, den Fürsten Myschkin. Wer Unterkunft sucht, kann sich sowohl direkt am Hafen von Myschkin erkundigen, aber auch im Walenkimuseum (Walenkis sind klassische Filzstiefel übrigens wirklich sehr warm im Winter), wenige Meter nach dem Hafen. Neben einem Walenkimuseum gibt es auch ein gibt es auch ein Museum zu Ehren der Maus, der Familie Smirnow und noch einige andere Museen. Unterkunft kann man auch telefonisch oder per Mail anfragen (siehe Links, wobei man auch Zimmer in privaten Häusern mieten kann).

Internetressourcen:

www.myshkin.ru/frameset.htm (Russisch)

Svetlana Tschistjakowa (ktm@mish.adm.yar.ru) Hilft weiter bei der Zimmersuche in Myschkin (Russisch, Englisch)

www.poezdka.de/120/Russland/goldener-ring/ myschkin.html (Deutsch)

www.myschkin.de/fuerst-myschkin-dostojewski.html (Deutsch Literaturlink zur Einstimung)

Eine kurze Beschreibung von **Jaroslawl** finden Sie in der vorangegangenen Routenbeschreibung (Rundreise 1).

Um über die Wolga zu kommen, sollten Sie wissen, dass es eine Fähre von Myschkin zum anderen Ufer gibt. Für die aktuellen Fährzeiten erkundigen Sie sich direkt vor Ort. Spektakulär! Im Winter fahren die Leute einfach mit den Autos über den zugefrorenen Fluss, wirklich sehenswert.

Je nachdem wie lange Sie an welchem Ort bleiben, ist diese Route mit 2 bis 5 Tagen mit dem Auto bequem zu bewerkstelligen. Mit Fahrrad, Elektrischka und Bus ca. 3 Tage bis eine Woche.

Karte der Rundreise

Moskau - Nischni Nowgorod – Tscheboksary – Joschkar Ola – Kasan

Per Auto oder in einer Richtung per Schiff (dann aber ohne die Republik Mari El) oder mit Fahrrad, bis Tscheboksary mit Bahn oder Schiff.

Nischni Nowgorod (Нижний Новгород) (ehemals zur Sowjetzeit Gorki und damals eine geschlossene Stadt) ist mit 1,3 Mio. Einwohnern die fünftgrößte Stadt in Russland und liegt rund 550 km östlich von Moskau (M7) entfernt. Hier fließt die Oka in die Wolga. Die Stadt selbst wird erstmals 1221 urkundlich erwähnt. Der rote Backsteinkreml gehört zu einem der ältesten erhaltenen Bauwerke Russlands (gebaut 1508-1511). Ab 1817 wurde die Stadt zu einer der bedeutendsten Messe- und Handelszentren Russlands. Zu Beginn des 20ten Jahrhunderts wurde die Stadt ein Industriestützpunkt, die damaligen Lebensbedingungen der Arbeiter werden in den Erzählungen von Gorki (ein Kind dieser Stadt) anschaulich beschrieben.

Im zweiten Weltkrieg war die Stadt Rüstungsstandort für die sowjetischen Truppen. Nischni Nowgorod besitzt eine prächtige Innenstadt mit Bauten ab dem 17. Jahrhundert bis heute und gilt als Architekturmekka Russlands.

Besonders empfehlen wir die Jugendstilvilla von Fjodor Schechtel, in der sich auch das Architekturmuseum befindet. Das Kunstmuseum der Stadt gehört neben der Ermitage zu den größten des Landes mit rund 12.000 Exponaten von

von Kandinsky bis Roerich.

Internetressourcen:

www.nwp.sci-nnov.ru/photo_nn.htm	Englisch
www.admgor.nnov.ru/english/ index.html	Russisch/ Englisch

Rund 220 km von Nischni Nowgorod entfernt liegt die Hauptstadt **Tscheboksary** (Чебокса́ры). Hauptstadt, weil Tschuwaschien als Republik zur russischen Föderation gehört. Tschuwaschen haben eine eigene Sprache und gehören zu den Turkvölkern, wurden jedoch im 18. Jahrhundert christianisiert. Durch den Hafenausbau der Wolga ist leider nicht viel von der Altstadt übrig geblieben, eignet sich jedoch gut als Vorposten für einige Tage romantisches Zelten in der Republik Mari El oder als Zwischenstop auf dem Weg nach Kasan.

Internetressourcen:

gov.cap.ru/hierarhy.asp?page=./11848/27730 (Russisch)
www.kai-ehlers.de/Artikel/2002/august2002/
tschebok.htm (Deutsch, Artikel von Kai Ehlers)

Kaum fährt man über die Wolgabrücke in die Republik **Mari El,** fühlt man sich wie in eine andere Welt versetzt. Eine tadellose Straße, fast kein Verkehr und von weitem sieht man, akkurate, in für Russland unüblicher Bauweise, errichtete Bauerndörfer und riesige Wälder. Die Bauerndörfer sind meistens so gebaut, dass die Höfe selbst ineinander abgeschlossen sind und etwas altmodisch militärisch wirken. Die Felder, wie auch die Siedlungen sind untypisch, wie mit dem Lineal gezogen.

Die traditionelle Bevölkerung, die Mari, gehören zu den finno-ugrischen Völkern. 57 Prozent von Mari El ist mit Wald bedeckt. **Joschkar-Ola (Йошкар-Ола)** ist rund 120 km von Tscheboksary entfernt und wurde 1584 als militärische Festung gebaut. Mit rund 250.000 Einwohnern ist diese Stadt auch die Hauptstadt der Republik. Auch hier das gleiche akkurate Bild, eine sehr saubere und nett errichtete Stadt. Tatsächlich gelten die Maris auch in ganz Russland als Beispiel von akkurat und aufgeräumt. Der Stadtpark ist sehr nett und die darum liegenden kleinen alten Straßen haben etwas anrührend Altmodisches.

Internetressourcen:

www.12rus.ru/	R
www.weltinfo.com/artman/publish/article_964.	D
ve.free-travels.ru/articles/item.php? country=rus12#joshkarola	R

Wer keine Lust hat einen Abstecher bis nach Joschkar Ola zu machen dem empfehlen wir, trotzdem nach Kasan über die Republik Mari El zu fahren. Zum einen praktisch leere Straßen (im Gegensatz zur Haupttrasse auf dem rechten Wolgaufer), und zur Belohnung, eine wirklich sehenswerte Natur.

Kilometermäßig ist es nach **Kasan** kein Umweg, rund 180 km von Tscheboksary entfernt.

Kasan (Казань) gehört zu einer der ältesten und bedeutendsten Städte Russlands, im 10 Jahrhundert von Wolgabulgaren gegründet, gehörte die Stadt zum Tartaren - Khanat und war eines der ersten militärischen Ziele von Ivan dem Schrecklichen. 2005 wurde in Kasan die größte Moschee Europas eröffnet.

Bis heute sind rund 50 Prozent der Bevölkerung Tartaren. Das Stadtbild ist ein Gemisch aus Orient und Okzident. Der Kasaner Kreml gehört zum Weltkulturerbe und ist wirklich ganz bezaubernd. Hinter der Maria Verkündungskirche, stehen ein roter Backsteinturm und daneben ein Mausoleum mit den Sarkophagen der tatarischen Khane der Stadt.

Die Haupteinkaufsstraße der Stadt erinnert frappierend an den alten Arbat in Moskau.

Hier endet diese Rundreise. Je nachdem wie lange Sie an welchem Ort bleiben, ist diese Route mit 7 bis 9 Tagen mit dem Auto bequem zu bewerkstelligen. Mit Fahrrad, Elektrischka und Bus ca. zwei Wochen.

Internetressourcen:

---

www.ndrt.ru/ (Russisch, Deutsch , Deutsches Haus in Kasan)

www.kcn.ru/tat_en/history/h_nowe.htm (Englisch)

Karte siehe Seite 34

Rundreise 4 ab Moskau oder Petersburg

Eine ganz andere Richtung, nämlich Richtung Petersburg oder von Petersburg - fährt man für die Strecke:

Moskau – Twer – Tarschok – Waldai

Twer (Тверь) rund 170 km (M10) nördlich von Moskau gelegen, wurde im 12. Jahrhundert als Handels- und Handwerkssiedlung gegründet und liegt am Oberlauf der Wolga. Bis 1475 gab es von Seiten des Fürstentums Twer Bestrebungen, die Stadt anstelle Moskaus, zum Zentrum der Nachfolge der Kiewer Rus zu machen. 1475 wurde das Fürstentum jedoch besiegt und dem Moskauer Großfürstentum unterstellt.

Große Teile der Stadt fielen im 18. Jahrhundert einem Feuer zum Opfer und wurden unter Katharina der Großen im Frühklassizismus wieder aufgebaut. Viele dieser Häuser, insbesondere an der Wolgapromenade bestehen bis heute. Ebenso ist im Stadtzentrum die strenge geometrische Form, die sich an die Stadtarchitektur von Petersburg orientiert, erhalten geblieben.

Das Kunstmuseum im Stadtpalast Katharinas der Großen ist für architekturinteressierte von besonderem Interesse.

Wer sich für klassische Musik interessiert; auf dem Weg nach Twer (ca. 90 km nach Moskau) liegt die Stadt Klin (Клин). Direkt an der Hauptstraße befindet sich das renovierte Museum von Tschaikowski, in dem er einige Jahre bis kurz vor seinem Tod lebte.

Internetressourcen:

www.tverich.newmail.ru/newtver.htm (Russisch, Fotogalerie von Twer)

www.hotel.tver.ru/_content.php?Id=4.145 (Deutsch)

Wir aber fahren weitere 61 km Richtung Norden nach **Torschok** (Торжóк). Von der Hauptstraße muss man nach links abbiegen und noch rund 15 km fahren, bis sich am Ufer der Twerza die Schönheit dieses Ortes dem Auge des Betrachters darbietet.

Unbedingt über die Brücke fahren, parken (oder Fahrrad schieben) und dem erhöhten Ufer links entlang, die Klosteranlagen und die alten Datschen sowie die zahlreichen Kirchen auf sich einwirken lassen. Leider wurde in den letzten Jahren mit Renovierungen begonnen, was bereits etwas zu Lasten einer Atmosphäre des 19. Jahrhunderts abseits der befahrbaren Straßen geht.

Am rechten Ufer der Twerza  gibt es ein neues Hotel mit sehr gutem Restaurant (Preise im Vergleich zu Moskau im Restaurant billig und sehr gute Küche mit sehr freundlicher Bedienung, siehe weiterführende Links).

Internetressourcen:

www.sdorogov.narod.ru (Russisch)

autotravel.org.ru/phalbum/index/city.kgi8gc.html (Russisch, Fotogalerie)

Weiter geht es nach **Waldai** (Валдай) (ca. 330 km von Moskau und 300 km von Petersburg entfernt). Die Glockengießerstadt liegt neben einem Nationalpark und in einer Gegend, wo im Umkreis von über 60 km keine Industrie existiert. Die Stadt, an einem malerischen See gelegen, lebt heute in der Sommerzeit vom Tourismus, eine Haupteinnahmequelle der Bewohner. Eine wirklich romantische kleine Stadt. Sehr sehenswert ist das Glockenmuseum. Die Dame, die dort die Führung macht, ist nicht nur ganz reizend, sondern sie besitzt den Hauch einer Figur, als wäre sie direkt aus einer Geschichte von Tschechow entsprungen.

Zu sehen, wie man in Russland die Glocken spielt und vor allem auch die Erkenntnis, dass dies nicht mittels Noten sondern Worten geschieht, dürfte für die meisten Kulturinteressierten äußerst interessant sein. Zum Mittagessen sollte man sich den Plof (einem Reisgericht) an einem Kaffee direkt am Seeufer nicht entgehen lassen. Mit dem Schiff kann man zum Iwerski Kloster übersetzen (zurzeit der Drucklegung dieses Buches, wird das Kloster renoviert und viel zu sehen gibt es leider nicht). Oder man fährt einfach mit dem Auto auf die Überlandstraße, 100 m nach der Einfahrt von Waldai Richtung Moskau nach links abbiegen (Richtung Borowitschi) und kann endlose Natur mit geringer Siedlungsdichte genießen.

Internetressourcen:

www.waldai.de	Deutsch, priv.Homepage
www.putnik.ru/default.asp	Russisch, Touristikzentrum

Wenn Sie in das Naturreservat fahren, denken Sie daran, anders als in Westeuropa sind Wege nicht ausgeschildert, gehen Sie also nicht verloren (orientieren Sie sich an den zahllosen sehr sauberen Flüssen). Im Sommer gibt es Schlangen, geschlossenes Schuhwerk im Wald wird empfohlen. Mit dem Fahrrad empfehlen wir weiter Richtung **Borowitschi** zu fahren. Auf der Straße gibt es wenig Verkehr. Zurzeit der UdSSR war die Straße Richtung Borowitschi

Sperrgebiet.

Internetressourcen:

moorv.chat.ru/borovichi/win/ about.htm	Russisch

Sie sollten über warme Kleidung verfügen, wenn Sie am See oder einer der zahlreichen Flüsse campen wollen, in der Nacht kann es unangenehm kühl werden.

Eine weitere Besonderheit der Gegend, es regnet für kurze Zeit, praktisch täglich und Mückenschutz ist im Juni unerlässlich. Lebensmittel sollten Sie in Waldai kaufen, die Gegend bietet nur selten Lebensmittelgeschäfte.

Diese Reise kann man Richtung Petersburg fortsetzen oder in umgekehrter Richtung von Petersburg aus befahren.

In diesen Fällen machen Sie einen Abstecher an den Ladogasee (der größte See Europas) und nach **Weliki Nowgorod**. Neben einem alten Kreml, verfügt Weliki Nowgorod über viele wieder aufgebaute Kirchen. Extra dorthin fahren lohnt sich allerdings nicht unbedingt.

Je nachdem wie lange Sie an welchem Ort bleiben, ist diese Route mit 5 bis 7 Tagen mit dem Auto bequem zu bewerkstelligen. Mit Fahrrad, Elektrischka und Bus ca. eine Woche. Fahrradfahrer nehmen den Zug bis Twer oder bis Bologoj (Hauptknotenpunkt aller Züge Moskau-Petersburg) von dort mit dem Fahrrad weiter in die Waldai.

Karte siehe Seite 34

Internetressourcen:

eng.visitnovgorod.ru/ index.php?	Englisch, Nowgorod
www.oldladoga.ru/1.en.html	Englisch, Ladoga Stadt
de.wikipedia.org/wiki/ Ladogasee	Deutsch

Protwino, ehemaliges Wissenschaftsstädtchen.

Moskau – Serpuchow mit Wisentfarm – Tarussa – Protwino – Moskau

> Elektrischka ab Kurskaja Bahnhof (in Russisch http://www.serpukhov.su/frame_trans.htm).
> Autobus (ab Jugo-Sapadnaja Metrostation rote Linie) (Moskau – Protwino mit Halt in Serpuchow http://www.mostransavto.ru/?page=patp&ak=33 in Russisch, die Fernautobusse sind am Ende aufgeführt).

Mit Auto, M2 bis Ausfahrt Serpuchow.

Rund 100 km südlich von Moskau liegt **Serpuchow** (Серпухов). Wer mit dem Fahrrad unterwegs ist, sollte bis zu dieser Stadt mit Elektrischka fahren.

Das Städtchen selbst ist eine sympathische Kleinstadt ohne große Besonderheiten.

Von dieser Kleinstadt aus erreicht man die Wisentfarm, wo man die mächtigen Tiere bewundern kann, die hier gezüchtet werden. Das Wisent-Aufzuchtzentrum kann täglich zwischen  9.00 – 16.00 Uhr besucht werden (Richtung Danki mit dem Auto, Fahrrad oder mit Linienbus ab Bahnhof Serpuchow). Die mächtigen schönen Tiere sollte man sich nicht entgehen *lassen.*

Internetressourcen:

---

www.danki.ru (Russisch, Wisentnaturschutzgebiet)
trassa.narod.ru/moscow/serpukhov/serpukhov.htm
(Russisch, viele Fotos)

Weiter geht es 50 km Richtung **Tarussa** (Тapyca), malerisch
an der Oka gelegen, gilt und galt
sie als Künstlerstädtchen. Maria
Zwetajewa und der Regisseur
Tarkowski sowie der Pianist
Richter, haben sich hin und wieder gerne hier aufgehalten.
Zum Essen empfehlen wir das Restaurant Anker direkt über
der Oka gelegen. Billig und nicht schlecht im Preis-
Leistungsverhältnis. Im Sommer kann auch man ganz
gut einige Tage direkt am Fluss campen. Einfach
flussaufwärts dem Ufer entlang gehen. Je nach Wasserstand
gibt es auch viele nette Sandbänke und kleine Inseln die leicht
zu Fuß zu erreichen sind.

Internetressourcen:

---

lyrikline.org (Deutsch, Maria Zwetajewa, Gedichte)
www.russlandonline.ru/rukul0010/morenews.php?
iditem=395 (Deutsch, Richter-Musikfestival in Tarussa)

Protwino (Протвино) kann man auf dem Rückweg sozusagen als Erinnerung mitnehmen, damit Sie mal die Atmosphäre und die Architektur eines früher geschlossenen Wissenschaftsstädtchen erlebt haben.

Das Zentrum liegt rechts, wenn Sie in die Stadt hineinfahren. Von Tarussa, nach links anstelle nach rechts Richtung Serpuchowa abbiegen, nach ca. 10 km sind Sie schon dort. Einen Kaffee ist es Wert.

Geschlossene Wissenschaftsstädtchen waren für die Sowjetunion erstaunlich heimelige und gemütliche Flecken. Heute mag zwar die Armut erkennbar sein, einst waren aber gerade diese Städte sehr gut mit Waren versorgt, mit Kultur und Sportmöglichkeiten ausgerüstet und sehr grün. Insbesondere die vielen Bäume und Parks zwischen den nicht allzu hohen Häusern fallen heute sofort jedem Besucher auf. Es gibt links vom Stadtzentrum, Richtung Fluss Einfamilienhäuser im ehemaligen DDR-Stil.

Internetressourcen:

serpuhov.regio.ru/index.html?CTP=protvino (Russisch)

Zum Wochenendausflug eignet sich auch Susdal und Sergeijew Possad
Siehe unter den entsprechenden Reiserouten 1 und 3 ab Moskau.

Untere Wolga ohne Kreuzfahrt
Saratow – Engels – Marx - Samara

Wer nicht nur die Wolga erleben will, sondern auch die Menschen und Städte, die an ihren Ufern leben, darf sich nicht mit einer Flusskreuzfahrt zufrieden geben. Es ist wie bei Meereskreuzfahrten – durch ein paar kurze, behütete Landgänge wird man Russland nicht wirklich kennen lernen.

Gerade die mittlere Wolga eignet sich wegen ihrer gut ausgebauten Infrastruktur ausgezeichnet zur eigenen Erkundung und der Fluss entfaltet sich dort in seiner vollen majestätischen Pracht. Am Ufer führen Straßen von für russische Verhältnisse ausgezeichneter Qualität und hoch frequentierte Bahn- und Fernbuslinien entlang.

So kann man sich in **Saratow** (Саратов) (ca. 850.000 Einwohner) auf geschichtsträchtigem Boden umsehen. Die Altstadt der ehemaligen Hauptstadt der Wolgadeutschen bezaubert im Sommer mit fast mediterranem Flair, darunter aber auch viel stilistisch vertrautes, wie in der „Uliza Nemezkaja" – der Deutschen Straße.

Natürlich zählt die Promenade am Flussufer zu den Hauptattraktionen und ist ein gutes Ziel für den ersten Abend, aber die Stadt hat mehr zu bieten. So ein Kunstmuseum mit über 16.000 Ausstellungsstücken, mit offiziellem Namen Radischtschew-Museum, wird auch als „Eremitage an der Wolga" bezeichnet. Das Museum ist nach einem Schriftsteller des 18. Jahrhunderts benannt und ein Muss für Besucher der Stadt. Gebaut wurde es 1877 von

Iwan Strom, deutschstämmigen Verehrer der Renaissance. Es war das erste Museum Russlands außerhalb der Metropolen Moskau und Sankt Petersburg.

Das Völkerkundemuseum ist interessant. Sehenswert, die Saratower Oper (natürlich mit Ballett, gegründet 1875), einen Zirkus und das architektonisch markante Konservatorium, ein beliebtes Fotografieobjekt. Von der deutschen Zeit kündet die „Villa Reinike" im Jugendstil von 1912. Am Musejnaja Platz findet sich die sehenswerte Dreieinigkeitskathedrale im spätbyzantinischen Stil (19. Jahrhundert) und ein regionales Museum. Die Umgebung der Stadt, eingerahmt von den Wolgahöhen, ist bekannt für ihre Vielfalt an Tierarten, für deren Erkundung man jedoch fachkundige Hilfe und einiges an Zeit benötigt.

Wer in Saratow Essen gehen will, dem empfehlen wir das Restaurant „Egoist" (Uliza Perwomajaskaja) mit guter russischer Küche, bei Freude an Live-Musik locken das „Misteria Buff" (Uliza Kirowa) und das „Karpaty" (Uliza Kiselewa) mit entsprechenden Angeboten (Vorsicht, bei letzterem gibt es auch Karaoke). Falls es schnell gehen soll, in der Uliza Kirowa finden sich auch mehrere Fastfood-Läden,. Bei Sehnsucht nach deutschem Essen wird man, wie in vielen Großstädten, auch in Saratow im „Bawaria" (Uliza Wolskaja) fündig werden.

Saratow besitzt auch eine Schiffsdisco, das „Wseslaw Scharodej" am Kosmonautenufer auf dem Motorschiff „Wolga 1". Der innerstädtische Nahverkehr basiert ausschließlich auf Bussen und Trolleybussen, was das Zurechtfinden für Fremde nicht erleichtert.

Am besten verlässt man Saratow über die alte, knapp drei Kilometer lange Wolgabrücke, die direkt von hier nach **Engels** (Энгельс) führt und einen atemberaubenden Anblick bietet. Es ist eine der längsten Brücken Europas. Knapp über den Fluten taucht man von einer Metropole in die andere und die moderne Autobahnbrücke auf der Umgehungsmagistrale hat nichts vergleichbares zu bieten. Gerade bei Sonnenuntergang kann eine simple Flussüberquerung zum unvergesslichen Erlebnis werden. Nur in diesem Abschnitt bietet das Ufer der Wolga noch ihren ursprünglichen Anblick, während andernorts die alten Uferregionen von großen Stauseen überflutet wurden. Auf dem Lande unweit des Flusses fühlt man sich oft versetzt in Szenen von Romanen aus dem 19. Jahrhundert, so wenig hat sich an der Landidylle verändert.

Engels (knapp 200.000 Einwohner) auf dem gegenüber liegenden Ufer lässt schon vom Namen vermuten, dass es auch hier deutsche Wurzeln gibt. Ursprünglich hieß der von Ukrainern gegründete Ort Prokowsk, wurde jedoch 1931 von den damals stolzen kommunistischen deutschen Bewohnern mit dem Namen des Philosophen und sozialistischen Theoretikers bedacht. Von 1918 bis 1941 war Engels die Hauptstadt der Wolgadeutschen ASSR (Autonome Sozialistische Sowjetrepublik), eine Ära die erst mit der Deportation der Wolgadeutschen nach Mittelasien im Zweiten Weltkrieg endete. Vom Namensgeber gibt es natürlich ein überdimensionales Denkmal, ansonsten ist die Innenstadt mit südländisch wirkender Architektur aus dem 19. Jahrhundert und drei Museen (eines zur Luftfahrt, eines mit regionaler Geschichte und eines zum Autor L.A. Kassil) einen Spaziergang wert.

Von Engels geht es dann – wohin sonst – am besten  direkt nach **Marx** (Маркс) (auf russisch eigentlich Marks, etwa 30.000 Einwohner) direkt entlang an der Wolga. Dort lohnt sich ein Halt für das Stadtmuseum, wo es viel aus der deutschen Zeit zu sehen gibt. Heute hat sie in Erinnerung der Region wieder einen hohen Stellenwert. Die 1767 gegründete Stadt hieß ursprünglich Baronsk nach einem holländischen Baron. Sie wurde dann von den mehrheitlich deutschen Bewohnern zuerst in Katherinenstadt und dann in Marxstadt umbenannt. Erst 1941, nach der Vertreibung der Deutschen, durch die die Stadt viel ihrer Bedeutung verlor, erhielt Marx seinen jetzigen Namen. Aus dem Kleinstadtdasein ist die ehemals zweitgrößte Stadt der Wolgadeutschen ASSR seitdem nicht mehr herausgewachsen.

Internetressourcen:

www.saratov.de	Deutsch
www.saratov.ch.tf	Deutsch

Vorbei an der Wolgastadt **Balakowo** (Балаково), die einen bescheidenen Tourismus und einen kleinen Flughafen zu bieten hat, schlängelt sich hinter Marx die örtliche Hauptverbindungsstraße vom Flussufer der Wolga in die Region Samara hinein. Kurz vorher durchquert sie die Stadt Pugatschow, die nach einem gleichnamigen Revolutionär und Gegenspieler von Katharina II. benannt ist.

Infos zum Aufstand findet man in Deutsch unter:

www.bauernkriege.de/pugatschow.html

Über die Industriestadt Tschepajewsk geht es nun weiter nach **Samara** (Самара), mit über 1,1 Millionen Einwohnern die sechstgrößte Metropole Russlands. Nach landläufiger Meinung soll dies der Ort mit den schönsten Frauen Russlands sein. Hier gibt es eine ganze Menge zu sehen.

Ein Muss ist der zentrale lange Wolgastrand, die Flaniermeile von Einheimischen und Besuchern. In der Sommerzeit wird immer etwas geboten, sei es ein Open Air Konzert oder zahlreiche Verkaufsstände und Attraktionen für groß und klein. Feiner Flusssand, ein atemberaubender Wolgblick und häufiger Sonnenschein laden hier zum Verweilen ein. Auch die Preise sind (noch) weit entfernt von Touristenzentren andernorts und so wird man beim Baden auch nicht arm, wenn man nicht alles selbst mitbringt.

Direkt am Strand gibt es zahlreiche Denkmäler und Skulpturen. Das bekannteste und größte davon ist das Monument „des Ruhmes", eine wirklich monumentale Siegessäule. Auch eine malerische orthodoxe Kirche mit Goldkuppeln, wie aus einem Urlaubsprospekt ausgeschnitten, befindet sich unweit des Monuments, sowie ein großer stationärer Zirkus. Kulturfreunde sollten sich jedoch nicht mit Zirkuskunst zufrieden geben. Einen ausgezeichneten Ruf besitzt in Samara das örtliche Ballett.

Nicht nur am Flussufer gibt es in Samara etwas zu sehen.

In der Uliza Tschepaewskaja lockt der tiefste Bunker der Welt zur Besichtigung. Stalin ließ ihn in einer streng geheimen Kommandoaktion ausheben und als Museum kann er heute besichtigt werden – im „originalen 2.-Weltkriegs-Zustand. Geplant war der riesige unterirdische Komplex als Ausweich-Hauptquartier für den Fall der Eroberung Moskaus, also ein Objekt im Stil des Führerbunkers in Berlin. Dimitri Schostakowitsch schrieb eine Oper an diesem ungewöhnlichen Ort. Man darf aber nicht zu spät dorthin aufbrechen, denn das Museum schließt bereits am Nachmittag. Der Eingang in einem Hinterhof ist nicht leicht zu finden und am besten fragt man Einheimische, wenn man in der entsprechenden Straße ist. Unweit, an der gleichen Straße gegenüber befindet sich ein leicht zu erkennendes Denkmal der Napoleonischen Kriege.

Der zweite Weltrekord Samaras ist der sehr moderne Bahnhof. Der höchste der Welt und der größte von Europa soll er sein und angesichts der monumentalen Ausmaße hat man vor Ort daran auch keine Zweifel. Große Glasflächen am zentralen Turm verkünden hier den Glanz des neuen Russlands und Züge fahren von hier über den ganzen Eurasischen Kontinent, von Mitteleuropa bis zum Pazifik. Sich in der Stadt zu Recht zu finden ist nicht so einfach und ein ortskundiger Führer ist keine schlechte Idee.

Der Autofahrstil ist halsbrecherisch (verkehrsmäßig steht Samara Rom oder Sankt Petersburg in Nichts nach), das Netz aus Bus- und Obuslinien ist ziemlich unübersichtlich und die recht moderne U-Bahn besteht leider nur aus einer einzigen Linie mit aktuell neun Stationen. Bis 2015 sind fünf weitere geplant, doch auch dann sind 95 % der Stadt mit der Metro nicht erreichbar. Mit moderner blau-weißer Bemalung glänzen die Vorortbahnen, die aktuell S-Bahn-mäßige Haltestellen enthalten, doch ohne Russischkenntnisse ist es auch hier schwer, sich nicht zu verfahren.

Noch einige Tipps für Restaurantfreunde. Fisch und Meeresfrüchte gibt es in Samara, im 24 Stunden pro Tag geöffneten, Marlin (Uliza Leningradskaja). In gepflegter und wirklich meerestypischer Atmosphäre (Riesenaquarien und Wandmalereien inklusive) lässt es sich hier gut tafeln, wenn man das nötige Kleingeld hat. Nicht weniger teuer ist leider ein anderer qualitativ hochwertiger Laden, das U Palycha (Uliza Kubyschewa) – aber wer puren russischen Luxus zu üppigem russischen Essen liebt, sollte die etwa 15 Euro pro Essen (ohne Getränk) ruhig investieren. Wer es günstiger liebt, dem dürfen wir tschechisch-russische Küche empfehlen. Im Platan (Uliza Leningradskaja) gibt es gutes, bodenständiges Essen, original tschechisches Bier und kleine Snacks – für jene, die nicht gleich ein vollwertiges Essen möchten. Lärmempfindlich darf man nicht sein. Musikvideos gehören wie so oft in Russland von 12 bis 0 Uhr zur Dauerunterhaltung. Ein Manko in Russland ist sicher die niedrigere Dichte an echten europäischen Cafes. Natürlich gibt es in Samara solche – wir empfehlen das Colombia Cafe – mit gutem Kuchen und gutem Frühstück zu annehmbaren Preisen, Wolgablick (Uliza Leningradskaja) inklusive.

Wer das Nachtleben kennen lernen will, der muss sich entscheiden. Rockfans schauen sich am besten das **Podwal Rock Caféй** (Uliza Galaktionowskaja, Internet www.podval.de) an. Eine rockigere Kellerbar mit mehr Underground-Feeling gibt es auf dieser Seite der Wolga bis zum Pazifik nicht mehr. Hard- und Alternativ-Rock sollte man mögen. Das Publikum ist entspannt und nicht zu scenig. Die Disco-Fans werden sich deshalb im Aura (Uliza Krasnoarmeiskaja, Internet www.auraclub.ru) besser aufgehoben fühlen. Das Etablissement bietet DJs aus ganz Russland mit House und R&B, große Chill-Out-Areas und eine lange Cocktailliste.

Von Samara aus kann man auch einen Abstecher in die benachbarte industrielle Großstadt Togliatti (ca. 700.000 Einwohner) machen, in der sich die Lada-Autowerke befinden.

Anreise nach Saratow oder Samara.

Flugzeug: Nach Saratow mit Aeroflot via Moskau oder Rossija via Sankt Petersburg, saisonal existiert auch eine Direktverbindung aus Deutschland, erfragbar z.B. bei Aeroservice www.aeroservice.de; nach Samara fliegen auch Lufthansa und CSA (via Prag).

Auto: über die Ukraine, Belogorod und Woronesch nach Saratow (E 40 / E 105 / R 185 / E 38)

Zug: Direkter Kurswagen nach Saratow ganzjährig ab Berlin-Ostbahnhof

Internetressourcen:

www.stuttgart.de/sde/item/gen/19695.htm	Deutsch
www.togliatti.de	Deutsch

Urallandschaft im Sommer

Der Südural im Sommer
Jekaterinburg – Tscheljabinsk – Baschkortostan

Wer eine Mischung aus Städte- und Natururlaub schätzt, für den ist dieser Abschnitt der Richtige. Der Ural hat beides. Am Rand großer Millionenstädte wie Jekaterinburg, Perm, Tscheljabinsk oder Ufa und in der Mitte weitgehend unberührte Naturlandschaften, wie man sie in den Alpen oder deutschen Mittelgebirgen vergeblich sucht. Im Sommer ist die Witterung durch das Kontinentalklima meist freundlich und warm, jedoch nicht, wie in den Steppen des Südens, unerträglich heiß. Es gibt auf alle Fälle viel zu sehen. So machen wir hier eine kleine Rundreise, wie sie ohne übermäßigen Aufwand einfach nachzuvollziehen ist und schildern sehenswertes am Wegesrand.

Gut von Deutschland aus zu erreichen ist **Jekaterinburg** (Екатеринбург), die viertgrößte Stadt Russlands. 40 Kilometer ist die Metropole mit etwa 1,3 Millionen Einwohnern von der Kontinentalgrenze am Ural-Hauptkamm entfernt und befindet sich damit schon in Asien. Diese Linie wird hier – wie so ziemlich überall in den dichter besiedelten Teilen des Urals von einer großen Säule markiert, die stets ein lohnendes Fotoobjekt abgibt und auch gerne von Brautpaaren für Bildertermine genutzt wird. Jekaterinburg hat mehr zu bieten, als die Nähe zur Grenze nach Europa. Die Stadt war im frühen 20. Jahrhundert ein Ort der Weltgeschichte. Der letzte Zar samt Familie wurde hier im Russischen Bürgerkrieg von den Bolschewiki gefangen gehalten. Als eine Einnahme der Stadt durch zarentreue Truppen drohte, wurde von Moskau aus der Tod der ganzen Familie angeordnet und vollstreckt. Am Ort der Hinrichtung wurde im neuen Russland die Kathedrale des Blutes (Uliza Tomalschewa) erbaut. Sie ist heute der herausragendste Wallfahrtsort der russischen Monarchisten. Davon gibt es – teilweise etwas belächelt von den anderen Russen – durchaus noch eine Reihe

und da einige zu den finanzstarken Kreisen des Landes zählen, ist die Kathedrale überaus prunkvoll ausgestattet. Der Zar war offizielles Oberhaupt der russisch-orthodoxen Kirche und im Kreise seiner heutigen Getreuen ist die Ehrfurcht  vor diesem Ort groß. Filmen und Fotografieren innerhalb der Kirche ist verboten und man muss sich beim Besuch streng an die Kleiderordnung halten (Frauen nur mit Röcken über das Knie und Kopftuch, Männer keine kurzen Hosen).

Architektonisch wertvoller als die neue, wenn auch im klassischen Stil errichtete Blutkathedrale, sind in der Stadt die Bergkanzlei aus dem frühen 18. und die Swjato-Wosnesenski-Kathedrale aus dem 19. Jahrhundert. Wer nach seinem Besuch beim „heiligen" Blut, Lust auf noch mehr Zarenzeit-Relikte hat, sollte vor den Toren der Stadt auch die Heilige-Dreifaltigkeits-Kathedrale (Uliza Rosa Luksemburg) ansehen, in der niemand geringerer als Grigori Rasputin einst als Mönch lebte. An moderner Architektur gibt es eine Oper mit Ballett (Prospekt Lenina) und einen großen Zirkus. Aus

Sowjettagen stammt das benachbarte Rathaus im markanten stalinistischen Zuckerbäckerstil, den man auch sozialistischen Klassizismus oder kürzer Stalingotik nannte und für Repräsentativbauten der 30er bis 50er Jahre des 20. Jahrhunderts prägend war. Unweit davon findet man mit dem „ZUM" die größte Einkaufspassage der Stadt, in dessen Umgebung mancher Künstler seine Werke oder Antiquitäten anbietet. Hier sollte man die Ausfuhrbeschränkungen Russlands beachten.

Einen traurigen Rekord bietet Jekaterinburg noch durch seinen Fernsehturm, der mit 220 Metern die zweithöchste Bauruine der Welt darstellt, gleich nach dem Ryugyong Hotel in Nordkorea.

Wer gerne in Museen geht, dem sei in Jekaterinburg das Naturmuseum des Ural (Uliza Gorkogo, Mi-So 11.00-18.00 Uhr offen) und das Historische Museum (Uliza Karla Liebknechta) empfohlen. Die übrigen Museen sind eher unbedeutend und kaum einen Besuch wert. Beim Naturmuseum sollte man nichts gegen ausgestopfte Tiere haben, also nicht für empfindliche Tierschützer geeignet. Im historischen Museum gibt es einiges zum Zarenmord und zur Sowjetzeit der Stadt zu sehen.

Am Ende noch ein paar Tipps für das abendliche Ausgehen: Wer ein teuer-edles Restaurant mit guter russischer Küche sucht, gehe ins Restaurant „Trokurow" an der Ecke Malyschewa und Komsomolskaja Straße. Wem es so weit weg von zu Hause nach Deutschem gelüstet, findet in der gleichen Straße das Restaurant „Hans" – ja nicht nur auf Mallorca ist die gutbürgerlich-deutsche Kochkunst zu Hause.

Vielleicht ist ja auch das neue deutsche Generalkonsulat in der Stadt ein Grund für dieses heimelige Angebot. Russisches Essen der mittleren bis gehobenen Preisklasse mit Sowjet-Kitsch-Deko kann man im ausgezeichneten „CCCP" (eigentlich lateinisch SSSR, Uliza Perwomajskaja, Internet www.cccp-r.ru) genießen. Bitte nicht die Nase rümpfen – viele Russen stehen auf Sowjetkitsch und er hat durchaus seinen eigenen Charme. Wer es lieber unkitschig und günstiger mag, kann sein russisches Essen auch im „Uralskije Pelmenj" (Prospekt Lenina) zu sich nehmen.

Jüngere, die sich ins Nachtleben stürzen wollen, werden im „Snjeg" in der Uliza Bluchera fündig werden. Das ist ein bei den Jekaterinburgern sehr hipper Club mit umfassendem Angebot von DJs bis Bowling – jedoch nicht ganz billig. Mehr zu erleben gibt es noch im Unterhaltungszentrum „Antej" (Krasno Armeskaja) mit Geschäften, Clubs und Spielcasino. Für den gepflegten Umtrunk empfehlen wir noch die „Kaljan-Bar" (Uliza Karla Marksa) mit großer Cocktailkarte und Wasserpfeifen.

Der örtliche Personennahverkehr beruht in Jekaterinburg wie fast überall in Russland auf Trolleybussen, Bussen und Marschroutkas (Linientaxis, meist Kleinbusse). In Jekaterinburg gibt es jedoch auch eine kleine U-Bahn (eine Linie) und eine Straßenbahn.

Für russische Verhältnisse einen Katzensprung – keine dreihundert Kilometer - weit ist es von Jekaterinburg nach **Tscheljabinsk** (Челябинск), (1 Mio. Einwohner). Die industriell geprägten Vorstädte lässt man am besten gleich hinter sich – die Hauptattraktionen der Stadt befinden sich durchweg mitten im Zentrum, wo man fast alles bequem zu Fuß erreicht.

Stolz ist man in Tscheljabinsk auf die noch nicht solange bestehende große Fußgängerzone mit einer angegliederten Skulpturenmeile auf der Uliza Kirowa. Hier sollte man seinen Fotoapparat oder den Camcorder nicht vergessen. Künstler aus der Stadt haben eine große Anzahl von lebensgroßen Figuren gestaltet, die sich perfekt in das Stadtbild einfügen. Da sitzt im Park die Skulptur einer Mutter mit Kind, vor dem Schuhgeschäft kniet ein Schuhputzerjunge, an der Kneipe steht mit eingestützten Armen die Statue eines dicken Wirtes. Eine adrette  Dame mit Spiegel bietet eine geschickte perspektivische Spielerei und vor dem Musikclub gibt es natürlich das Halbrelief eines Trompeters und einen Straßenmusikanten. Dazu noch vieles andere mehr - Augen auf! Was das schönste ist: Es handelt sich hier nicht um Museumskunst, sondern um Bildnisse zum Erleben und Begreifen, berühren ausdrücklich erlaubt – ein Fest für Kinder und Kind gebliebene. Einige Figuren thronen in alten Fuhrwerken und historischen Fahrzeugen, man kann sich gleich dazu setzen und ablichten lassen.

Die Skulpturenmeile verlässt man durch ein romantisch aussehendes Tor zum Platz der Revolution, wo der Prospekt Lenina kreuzt. Zur Linken befindet sich eine Kneipe, in der Putin bei seinem Besuch ein Bierchen getrunken hat, worauf man heute noch stolz ist. Lenin steht hier am angestammten Platz neben einem Theaterbau aus dem 19. Jahrhundert.

Unweit davon ist die Grotte der Liebenden (Uliza Soni Krinoj), die manche für Kitsch, manche aber auch für romantisch halten werden. Es handelt sich um ein atmosphärisch stimmiges Monument mit Skulpturen und einem blau getönten Dach. Für Verliebte natürlich ein Muss.

Ebenfalls in Reichweite der Fußgängerzone befindet sich die sehr sehenswerte Orgelhalle (zwischen der Krasnaja Uliza und dem Swerdlowski Prospekt). Sie ist ein ehemaliger

Kirchenbau aus dem 19. Jahrhundert mit einer großen Anzahl von romantisch anmutenden kleinen Türmchen, den die Kommunisten in eine Orgelhalle für entsprechende Konzerte umgebaut haben.

Anders als viele Sakralbauten in Russland protzt diese von außen nicht mit reichlich Gold, sondern ist in schlichtem, aber ansprechenden Rot gehalten. Aktuell tobt um die Orgelhalle übrigens ein Streit zwischen der orthodoxen Kirche und den Freunden der Orgelhalle, um die Frage, ob der Bau weiter für Konzerte oder wieder für Messen genutzt werden soll.

Direkt vor der Orgelhalle befindet sich ein typisch deutscher Biergarten (Richtung Prospekt Lenina) oder was die Russen dafür halten. Jeder deutsche Tourist wird vom einheimischen Führer oder Gastgeber wohl hierher geführt. Er ist ganz nett, das Bier ist – wenn auch in Plastikbechern ausgeschenkt – sehr süffig und durchaus einen Vergleich mit den Erzeugnissen im Originalen wert. Zu Essen gibt es in Russland bekannte deutsche Spezialitäten wie Brezen, Haxen und Bratwurst, aber auch Pizza (es hat sich wohl schon bis hinter den Ural herumgesprochen, dass die Deutschen gerne italienisch essen). Gleich hinter dem Biergarten finden sich ein paar typische russische 2.-Weltkriegs-Ehrenmale.

Allgemein versucht Tscheljabinsk, in Russland aus Sowjettagen vor allem als Industriemetropole bekannt, sehr viel für ein kleines Stück internationales Flair. Wie in London zerlegt und hinter dem Ural wieder aufgebaut, wirkt auch ein Englisches Pub in der Uliza Kirowa, von dem sich unweit eine Moschee zur möglichen Besichtigung findet (Uliza Jelkina). Auch weitere prunkvolle orthodoxe Kirchen sind in der Stadt zu besichtigen und aufgrund ihrer Goldkuppeln sind sie kaum zu übersehen. Einen für russische Verhältnisse sehr modernen Zoo, der bei den Einheimischen sehr beliebt ist, gibt es noch zu erwähnen.

Ein Restaurant mit dem Namen „Uralskije Pelemeni" (Prospekt Lenina – www.uralpelmeni.ru) ist auch in Tscheljabinsk vertreten – lustigerweise gleich mit ähnlichem Ambiente wie in Jekaterinburg. Ausgezeichnete Törtchen und gute Cocktails gibt es im Cafe „Penka" (Aloje Pole) im Zentrum.

Zur dunklen Tageszeit geht man in Tscheljabinsk in das „Teatro" (Unterhaltungszentrum Megapolis; kennt jeder Einheimische) mit Discos und Tanzfläche. Der bei Russen sehr beliebte Striptease lässt sich im Club „Panta Rej" (Uliza Karla Marxa) in junger Gesellschaft verfolgen. Nobel, teuer und fein geht es im „Elite-Club" „Tusse" (Uliza Krasnaja) zu.

Das öffentliche Verkehrsnetz der Stadt basiert auf Bussen (100 Linien), Trolleybussen (26 Linien) und Straßenbahnen

(23 Linien), eine Metro ist seit Jahrzehnten im Bau (Fertigstellung ungewiss). Architektonisch sehenswert ist auch der hypermoderne Bahnhof mit pyramidenförmigem Busbahnhof – ein stolzes Stück neues Russland.

Von Tscheljabinsk aus ist es nun höchste Zeit, sich westwärts in den Ural hinein zu begeben. Hier eignet sich sowohl die Autobahn M5 als auch die parallel laufende Hauptbahnlinie mit vielen Verbindungen. Man passiert Slatoust (etwa 200.000 Einwohner), in der Freunde scharfer Klingen eine Zwischenstop einlegen sollten. Slatoust ist in Russland das, was Solingen in Deutschland ist – DER Traditionsort für die Herstellung von Schwertern, Messern und anderem scharfen Stahl. Die Ähnlichkeit zu Solingen ist kein Zufall – Meister aus dieser deutschen Stadt haben im 19. Jahrhundert die noch heute existente Klingenfabrik aufgebaut. Umgeben ist Slatoust bereits vom Bergpanorama des Ural. Unweit der Stadt darf man das Überfahren der Europäisch-Asiatischen Kontinentalgrenze nicht verpassen, die mit einem passenden Monument markiert ist.

Der Ural ist eines der ältesten Gebirge der Erde, aufgefaltet vor etwa 300 Millionen Jahren, weit vor den Dinosauriern. Für solch alte Berge sind diese recht hoch, im Norden bis zu knapp 1.900 Meter. Durch die lange Erosion darf man aber kein Gegenstück zum Himalaya oder den Anden erwarten, die Landschaft im Südural wirkt eher wie ein höheres Mittelgebirge. Der höchste Gipfel des Südural, der Jamantau in Baschkortostan ist 1.640 Meter hoch.

Der höchste Gipfel des Südural, der Jamantau in Baschkortostan ist 1.640 Meter hoch.

Kurz vor dem Verlassen der Region Tscheljabinsk liegen am Wegesrand die kleinen Städte Kataw-Iwanowsk (zur Linken) und Ust-Kataw (zur Rechten).

Kataw-Iwanowsk bietet im Städtchen nichts besonderes, jedoch einen herrlichen Blick auf das Jamantau-Massiv, die höchsten Berge des Südurals (1.638 Meter) inmitten des recht unwegsamen Nationalparks „Südlicher Ural", der jedoch nur mit entsprechender Offroad-Ausrüstung oder ortskundiger Begleitung durchquert werden sollte.

Bei Ust-Kataw sollte man den rechten Straßenrand im Blick behalten. Direkt an der Autobahn steht eine sehr idyllische kleine Holzkapelle, die das Herz jedes  Russland-Romantikers höher schlagen lassen dürfte. An viel befahrenen Tagen ist sie geöffnet und kann gegen einen winzigen Obolus besichtigt werden. Einen Abstecher kann man in Ust-Kataw zum Kataw-Stausee machen, der sich mit vielen idyllischen Holzhäusern am Ufer lieblich in eine fast unberührte Hügellandschaft einfügt. Man muss hierzu das recht hässliche Neubauviertel „MKR" komplett durchfahren und wird den Berg hinab seine Freude am Panorama haben. Allerdings erst, wenn die sowjetischen Plattenbauten aus dem Rückspiegel verschwunden sind und sich unter einem See, Wälder und Holzhäuser präsentieren. Wem im Tal eine Straßenbahn begegnet, der darf sich nicht wundern, sie werden in diesem Städtchen gebaut und auf einer eigenen Strecke getestet.

Kurz hinter Ust-Kataw fährt man nach Baschkortostan hinein. Man merkt das recht schnell am Beginn zweisprachiger Ortsschilder, in Baschkortostan sind Russisch und Baschkirisch Amtssprachen. Nun nimmt auch die Dichte baschkirischer Honigstände am Straßenrand schlagartig zu – denn für ihren Honig ist die Region berühmt.

Die im Westen recht unbekannte Republik Baschkirien (weitere Bezeichnung) gehört zur Russischen Föderation und ist etwa doppelt so groß wie Bayern, hat aber nur ein Drittel der Einwohner. Dies merkt man schnell an der dünnen Besiedlung und in der Tat besitzt Baschkortostan vor allem viel unberührte Natur. Dass der Republik den Namen gebende Volk der Baschkiren stellt übrigens nur eine Minderheit von etwa über einem Viertel der Bevölkerung in der Region dar. Die größte Gruppe stellen die Russen (mehr als ein Drittel).

Vorbei an vielen Honigständen gelangen wir über die M5 oder der Bahnlinie aus der Richtung Moskau (Honigstände dort auf den Bahnsteigen) zuerst nach Ufa (Уфа), die baschkirische Hauptstadt (1 Million Einwohner) von wo aus man auch mit der Aeroflot, Rossija oder Lufthansa zurück nach Mitteleuropa gelangt. Vorher sollte man sich jedoch das monumentale, 1968 erbaute Denkmal des baschkirischen Nationalhelden Salawat Julajew anschauen – damit man weiß, welches Monument, kleiner, in allen Ecken Baschkortostans kopiert wird. Auch in der Stadt ist es kaum zu übersehen, da es an deren höchstem Punkt aufgestellt wurde.

Kulturfreunde sollten einen längeren Halt in der Stadt einlegen, denn in Ufa gibt es gleich drei Theater (das Baschkirische, das Russische und das Tatarische), eine Oper mit Ballett und für alle, die es mögen, ein großes Puppentheater und ein Volkstanzensemble. Das seit 1992 bestehende und ebenfalls in Ufa beheimatete Nationale Symphonieorchester Baschkiriens blickt zurück auf Tourneen durch China, Tunesien, Litauen und die Niederlande. Was so eine stolze Republik innerhalb Russlands ist, hat natürlich in der Hauptstadt auch ein Nationalmuseum mit etwa 120.000 Exponaten. Ebenfalls eine Nationalgalerie mit 8.000 Bildern, darunter 102 Gemälde von Michail Nerestow und einem Schwerpunkt auf der Malerei des 19. und 20. Jahrhunderts sowie russischen Ikonen. Sehenswert ist auch die große Moschee „Ljalja-Tjulpan" (die ethnischen Baschkiren sind Moslems), Sitz des für den Ural und Sibirien zuständigen Großmuftis sowie das Vergnügungszentrum am Leninplatz. Die Bevölkerung der Stadt wird einem als Russlandreisender nicht sonderlich exotisch vorkommen, über die Hälfte der Bewohner der Stadt sind Russen, 25 % Tataren und nur 10 % Baschkiren.

Der erste Restauranttipp für Ufa heißt ebenso wie die Stadt und befindet sich in der Uliza Lenina. Dort erhält man baschkirische und russische Küche zu bezahlbaren Preisen. Also das, wonach es den interessierten Touristen hier verlangt und was er daheim nicht bekommt. Noch etwas exotischer in den Augen eines Mitteleuropäers geht es im Duslik zu (Uliza zu (Uliza Krupskoj). Usbekische Küche wird hier geboten – zahlbar übrigens hier sogar mit der guten alten EC-Karte. Ein günstiges Mittagsangebot (12.00-15.00 Uhr) hat das bei Einheimischen geschätzte „Kleopatra" (Uliza Kommunistitscheskaja). Es lockt eine kontinentale Küche in klassizistischer Atmosphäre mit dazugehörigem Schmuckgeschäft. Abschließend sei noch auf das gemütliche „Pab Schtab" (Werchnetorgowaja Ploschad, Internet: www.ufapab.de) hingewiesen. Live Musik, zahlreiche Biere und Snacks locken nach der Essenszeit zum Verweilen.

Wenn man schon in Baschkirien ist, sollte man jedoch die größte Touristenattraktion nicht verpassen – Schulgan-Tasch (Шульган-Таш). Hierzu fährt man von Ufa aus südwärts am Flughafen vorbei auf der R314 (oder mit dem Fernbus) Richtung Orenburg. Immer die Berge des Urals zur Linken entlang passiert man die zweitgrößte Stadt Baschkiriens Sterlitamak (Стерлитамак) (ca. 260.000 Einwohner), in der ein bekanntes Bier gebraut wird und im Winter als ein kleines Skigebiet bekannt ist. Raisa Gorbatschowa ging hier zur Schule.

Man bleibt auf der Straße bis Meleus und folgt dort nach links einer Seitenstraße in die Berge hinein nach Irgisly. Dort befindet sich dann das bekannte 225 Quadratkilometer große Naturreservat Schulgan-Tasch, benannt nach einer gleichnamigen Höhle inmitten eines lieblichen Hügellands im Ural. Schulgan war in der Legende der böse Bruder des Ural, der , nachdem er von seinem Bruder besiegt wurde, in diese Höhle verbannt wurde. Noch heute soll der See am Eingang der Wohnort des bösen Schulgan sein, Tasch ist ein baschkirisches Wort und bedeutet einfach „Stein".

Die Höhle ist knapp drei Kilometer lang und besteht aus  15 Sälen und vier Etagen. Am berühmtesten ist sie aufgrund von etwa 50 Höhlenmalereien, die mehr als 14.000 Jahre alt sind und Mammuts, Nashörner und frühe Pferdearten zeigen.

Rund um die Höhle erstreckt sich das Naturreservat und bietet Touristen alles, was diese von einem urwüchsige Leben in uralischen Holzhäusern erwarten, aber mit touristengerechter Ausstattung (also Strom usw.). Es gibt Bootsfahrten, organisierte Lagerfeuerromantik, Lehrbienenstände, und mit etwas Glück, wilde Bären in Sichtweite.

Für Wander- und Naturfreunde sind also einige Tage Schulgan-Tasch ein Muss bei jeder Uralreise.

Anreiseinfos:

Nach Jekaterinburg mit dem Flugzeug geht es ab Deutschland mit Aeroflot, Rossija oder CSA, nach Ufa mit Aeroflot, Lufthansa oder Rossija.
Mit dem Zug Anreise nach Ufa direkt ab Berlin-Ostbahnhof per Kurswagen oder über Moskau ab Berlin oder Prag. Mit dem Auto nach Ufa über die Ukraine und Woronesch, Tambow und Samara oder Weißrussland und Moskau, Nischni Nowgorod und Kasan.

Internetressourcen:

www.baschkirien.de	Deutsch
www.baschkirienheute.de	Deutsch
www.bashedu.ru/german/	Deutsch
www.ufacity.info	Russisch/Englisch - Ufa
www.ekabu.de	Deutsch - Jekaterinburg
www.ekaterinburg.tv	Deutsch

Uralbrücke in Orenburg

Mögliche Verlängerung der Süduralreise im Sommer:
Wo der Ural ein Fluss ist – Orenburgregion

Wer noch ein wenig mehr Zeit hat, kann auf der oben genannten R314 weiter südwärts reisen, dorthin wo der Ural langsam ausläuft und bis zur kasachischen Grenze in eine Steppenlandschaft übergeht. Zwischen Baschkortostan und Kasachstan liegt hier die zutiefst russische Orenburg-Region, die etwa halb so groß wie Deutschland ist, jedoch nur etwa zwei Millionen Einwohner hat.

Recht schnell gelangt man in die Hauptstadt **Orenburg** (Оренбург) mit etwas über einer halben Million Einwohner. Orenburg ist eine russische Gründung und ehemalige Festungsstadt der Zaren. Von hier aus wurde für die russischen Herrscher Asien erschlossen und bis 1924 Kasachstan beherrscht.

Durch Orenburg fließt der Ural, ein Fluss als Namensvetter des Gebirges und mit der gleichen Aufgabe – Markierung der Kontinentalgrenze. Hier, wo sich das Bergland in sanften Hügeln aufgelöst hat, markiert er die Grenze zwischen Europa und Asien. Da Orenburg auf beiden Seiten des Flusses liegt (überwiegend auf der europäischen), ist die Stadt einer der wenigen Orte, die auf zwei Kontinenten liegt. Sehenswert ist hier vor allem die Uferpartie an der alten und nur für Fußgänger zugelassenen, alten Uralbrücke mit einem Gebäudeensemble aus dem 18. Jahrhundert, dem Stadtmuseum und dem Beginn des Hauptgeschäftsboulevards Uliza Sowjetskaja. An diesem liegt auch das erst 2007 wiedereröffnete Theater. Im weiteren Verlauf gibt es viel Gelegenheit zum shoppen, bis man zweimal ums Eck, zum großen Marktplatz gelangt (gleich hinter einem Restaurant mit goldenen Bögen, wo man Hamburger bekommt).

Etwas außerhalb mitten in einem Plattenbauviertel (Prospekt Gagarina) ist das örtliche Zentrum der Orthodoxen Kirche – die Kathedrale „Sankt Nikolai" mit flankierender Kirche und Kapelle.

An Gastronomieempfehlungen gibt es für Orenburg zwei: Die urige in einem Keller gelegene „Piwnoj Bar" (auch „Beer-Bar") in der Uliza Krasnosnamejonnaja und das tatarische Restaurant „Saladin" in der Uliza Samoletnaja.

Früher wäre es noch der Geheimtipp schlechthin gewesen, aber nun rentiert sich die Weiterreise ins etwa 70 Kilometer entfernte Steppenstädtchen **Sol-Ilezk** nur noch für Leute, die sich mit Hautkrankheiten quälen. Es ist die letzte Stadt vor der kasachischen Grenze, die man in der Nähe mit passendem Visum an einem Übergang passieren kann. Dort gibt es einen Salzsee, der einst sehr idyllisch war. Dessen Wasser – das ist der Clou – schwerer als der menschliche Körper ist, wie das des Toten Meeres. So konnte man sich vor fünf Jahren noch nahezu ungestört in die Fluten werfen und brauchte zum oben schwimmen einfach nur auf dem Wasser liegen zu bleiben. Doch dann kam eine Moskauer Investorin, zäunte den See ein, baute am Ufer einen Vergnügungspark und kurbelte eine

Kurort-Industrie an. Nun tummeln sich rund um das Salzwasser, für dessen Besuch man gut Eintritt bezahlen muss, Tausende von russischen Massentouristen mit all den von daheim gewohnten negativen Begleiterscheinungen.

Die Gemütlichkeit früherer Tage ist irgendwo zwischen dem Parkplatz und dem Zaun flöten gegangen, dafür gibt es zahlreiche neue Marktstände, Souvenirshops, Beschallung am Strand und Privatunterkünfte für Touristen, die im Sommer an der Ortseinfahrt angeboten werden.

Anreiseinfos:

Nach Jekaterinburg mit dem Flugzeug geht es ab Deutschland mit Aeroflot, Rossija oder CSA, nach Ufa mit Aeroflot, Lufthansa oder Rossija. Mit dem Zug Anreise nach Ufa direkt ab Berlin-Ostbahnhof per Kurswagen oder über Moskau ab Berlin oder Prag. Mit dem Auto nach Ufa über die Ukraine und Woronesch, Tambow und Samara oder Weißrussland und Moskau, Nischni Nowgorod und Kasan.

Internetressourcen:

www.baschkirien.de	Deutsch
www.baschkirienheute.de	Deutsch
www.bashedu.ru/german/	Deutsch
www.ufacity.info	Russisch/Englisch - Ufa
www.ekabu.de	Deutsch - Jekaterinburg
www.ekaterinburg.tv	Deutsch
www.orenburgregion.de	Deutsch

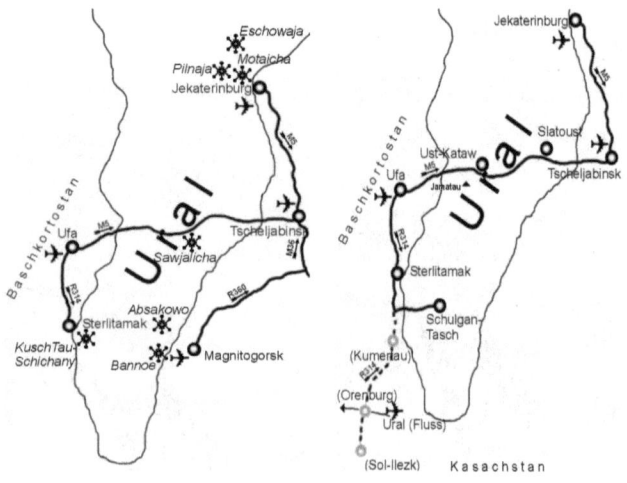

Ural Winterkarte   Ural Sommerkarte

Der Südural im Winter
Wedeln wie Putin – Skiurlaub im Ural

Wie so oft hat erst Prominenz den Skiurlaub im Ural international bekannt gemacht. Erst als Putin die Hänge des Gebirges medienwirksam herunterwedelte, fanden die westlichen Massenmedien dieses Skigebiet einer Erwähnung wert.

Dabei ist die Anzahl der Skiressorts im Ural – ebenso wie die touristische Infrastruktur, im ständigen Wachsen begriffen. Noch vor zehn Jahren war im winterlichen Ural außer den Einheimischen kaum ein Skiläufer unterwegs. Nun gibt es überall brandneue Unterkünfte zu gar nicht so hohen Preisen, gute Pisten und den vom Westen gewohnten Service. Nicht überall, aber überall mehr und mehr.

Die ersten ausländischen Gäste sind ebenfalls schon unterwegs. In Zeiten wachsender Schneeknappheit in den Alpen (von den meist trocken liegenden Mittelgebirgen ganz zu schweigen) ist man wohl weltweit auf der Suche nach neuen schneesicheren Ressorts. Und die gibt es im Ural zuhauf, wo das kontinentale Klima grundsätzlich für genug weißes Pulver sorgt. Von November bis Ostern mit Garantie trotz Klimakatastrophe. Etwas freundlicher als der schon polare Norden, wo sich kaum Skigebiete befinden, ist die Südhälfte des Urals. Doch auch im südlichen Ural ist der Januar nicht die beste Reisezeit, da es dann wirklich verdammt kalt werden kann.

Im Februar und März ist es nicht weniger schneereich, aber doch leichter auszuhalten. Sieben Skiressorts werden wir hier näher vorstellen. Die meisten davon sind vor allem für Anfänger und mittelmäßig Skikundige geeignet, da die meisten Hänge des Urals eher sanft sind. Es gibt mittlerweile in verschiedenen Ressorts auch Pisten für ambitioniertere Skiprofis. Wo das der Fall ist, wird es beim Skigebiet erwähnt.

Der größte und mittlerweile traditionsreichste Skiort im Ural ist **Absakowo** (Абзаково) bei Magnitogorsk (Магнито-горск). Hier wurde schon vor Jahren Pionierarbeit im uralischen Skitourismus geleistet und es gibt ein neues riesiges Sportzentrum inmitten einer malerischen Natur. Spezielle Angebote für Freerider, Snowboarder und Familien sind hier schon lange kein Fremdwort mehr. Neben dem Skisport- wird auch ein Gesundheitsressort geboten mit Bad und Fitnessbereich.

Die Gesamtlänge der vierzehn Skipisten in Absakowo beträgt über 15 Kilometer und die Skilifte sind mittlerweile sehr zahlreich. Eine Seilbahn ist ebenfalls im Betrieb. Absakowo hat auch drei anspruchsvollere Pisten für erfahrene Skiläufer bis hin zum Slalom und Riesenslalom. Auch internationale Skiwettbewerbe finden im Ort statt.

Zu erreichen ist Absakowo ab dem 50 Kilometer entfernten Magnitogorsk per Zug oder Auto. Magnitogorsk selbst besitzt einen Flughafen.

Nur einen Katzensprung von Absakowo entfernt (40 Kilometer), ebenfalls im Einzugsbereich von Magnitogorsk, liegt an einem See das Skigebiet **Bannoe**. Es lohnt sich also für einen Abstecher bei einem Absakowo-Urlaub.

Gelobt wird hier vor allem die sehr romantische Umgebung mit Seekulisse, hinzu kommt eine moderne, 1.600 Meter lange Kabinenbahn und einen Sessellift. Neun Pisten von bis zu drei Kilometern Länge und mit einer Gesamtlänge von knapp zehn Kilometern führen vom knapp eintausend Meter hohen örtlichen Gipfel nach unten. Oben befindet sich ein Restaurant, unten neben einem Parkplatz direkt am Berg ein Cafe im russischen Stil sowie eine Diskothek.

Fast ebenso lange wie Absakowo existiert das Skigebiet **Sawjalicha** bei der Kleinstadt Trechgornyj (Region Tscheljabinsk) – die Anfänge liegen bereits in Sowjettagen. Es ist eine Gegend, die wir bereits einige Seiten vorher in diesem Buch vorgestellt haben, denn die beiden Nachbarstädte von Trechgornyj heißen Kataw-Iwanowsk und Ust-Kataw, der Jamantau als höchster Berg des Südural ist nicht weit.

Auch hier gibt es neben Anfängerhängen eine anspruchsvolle Piste für Fortgeschrittene, neurussisch „Snowpark" genannt. Ingesamt acht Pisten mit einer Gesamtlänge von über 14 Kilometern, ein Sessel- und vier weitere Skilifte sind in Sawjalicha zu finden. Skiausrüstungen und –Bekleidung gibt es vor Ort zu leihen. Die passenden Hotels findet man in der unweiten Stadt Trechgornyj, vier Restaurants, eine Bar und eine Skibar laden zum verweilen ein.

Der nächste Flughafen ab Sawjalicha ist Ufa, von dort *geht es per Zug oder auf der Autobahn M5 weiter.*

Die Bahn-Hauptlinie Moskau-Tscheljabinsk führt hier vorbei und alle Züge halten in Ust-Kataw, da hier die Lokomotiven zwischen dem europäischen Russland und Sibirien gewechselt werden.

Die nächste, um einiges kleinere Skiregion heißt **Pilnaja** und liegt nur 40 Kilometer von Jekaterinburg entfernt bei der Stadt Perwouralsk. So lässt sich ein Urlaub dort gut mit einem Aufenthalt in der Metropole kombinieren, weshalb wir auf den „Südural im Sommer" verweisen wollen, in dem die Sehenswürdigkeiten dieser Stadt schon geschildert wurden.

Man bekommt zu vernünftigen Preisen den Service, den man von einem Skigebiet erwartet. Imbissbuden, Restaurants, ausreichende Parkgelegenheiten und einen Biergarten im alpinen Stil. Zum Nachtski lockt eine eigens installierte Beleuchtung, die fünf Abfahrtspisten haben eine Gesamtlänge von knapp drei Kilometer.

Nicht weit von Gora Pilnaja und Jekaterinburg (30 Kilometer) entfernt gibt es noch ein weiteres kleines alpines Skiressort – **Motaicha** im kleinen Kurort Iset. Der Ort verfügt über fünf Pisten und mehrere Skilifte, allerdings hat er keine Hotels und keine Sessellifte. Die Pisten sind vor allem für Familien und Anfänger geeignet und werden viel von skibegeisterten Jekaterinburgern genutzt.

Zu mieten ist hier lediglich ein kleines Blockhaus, alles ist sehr familiär und unprofessionell. Auch die einheimischen

Skiläufer reisen hier am Morgen für einen Tag Skifahren an und am Abend wieder ab. Skiausrüstungen gibt es vor Ort zu leihen.

Ein weiteres Skigebiet im Umkreis von Jekaterinburg, liegt etwa 100 Kilometer vor der Stadt. **Eschowaja** heißt es und liegt bei dem Städtchen Kirowograd.

Es gibt sieben Skilifte, neun Pisten, die zum Teil nachts beleuchtet sind und sogar Schneekanonen für schneearme Zeiten (z.B. im Oktober oder April). Ein spezieller Hang für Snowboarder ist  ebenso vorhanden wie eine Halfpipe. Am Fuß und am Gipfel des Bergs, der etwa 1.100 Meter hoch ist, finden sich zwei Restaurants, im Tal werden eine Kinderbetreuung und ein großer Parkplatz angeboten.

Eine schöne Naturlandschaft ist im Aufenthalt inklusive, die Umgebung gestaltet das Wisimer Naturreservat.

Insgesamt sind die drei Skiregionen rund um Jekaterinburg kein Reiseziel für den anspruchsvollen Skitouristen, eher eine Urlaubsregion für Mischurlauber, die eine etwas andere Städtetour mit ein paar Tagen Skivergnügen kombinieren möchten. Der ambitionierte Skitourist ist mit den weiter südlich liegenden großen Skiressorts wie Absakowo, Bannoe und Sawjalicha besser bedient. Das soll sich aber in den nächsten Jahren ändern, denn das touristisch ambitionierte Jekaterinburg möchte zu einen internationalen Wintersport-zentrum aufzusteigen.

Bei Sterlitamak in Baschkortostan (siehe ebenfalls Südural im Sommer) liegt das kleine Skigebiet **Kusch-Tau-Schichany**. Hier locken fünf kleinere Pisten Besucher aus der Umgebung. Das Freizeitangebot ist eher begrenzt und konzentriert sich auf ein Cafe, eine russische Banja und ein Restaurant. Eine eigene Reise lohnt sich deshalb nicht, aber ein Abstecher, wenn man anderweitig in Ufa, Orenburg oder Sterlitamak weilt.

Anreiseinfos: Siehe Ural im Sommer (S.63), im Winter sind die Flug- und Zugpläne ausgedünnt. Mit dem Auto ist eine absolute Winterfestigkeit inklusive Schneeketten ein Muss. Allradantrieb ist außer bei extremen Wetterverhältnissen auf den Hauptstraßen nicht erforderlich, aber hilfreich.

Internetressourcen:

Absakowo: www.abzakovo.com (russisch)

Sawjalicha: www.zavjalikha.ru (russisch/englisch)

Bannoe: www.ski-bannoe.mgn.ru und www.ski-bannoe.ru (beide nur russisch)

Eschowaja: www.ezhovaya.ru

Übersicht über Skigebiete in Russland (russisch): www.ski-season.ru/articles/russia

Teil IV Insidertipps Moskau und St. Petersburg sowie Kaliningrad

Insidertipps Moskau

Den Kreml haben Sie gesehen, den roten Platz kennen Sie wie Ihre Westentasche?

Hier einige ausgefallene Tipps für Moskau.

Bulgakow Museum bis 23.00 geöffnet

Internetressource:

www.dombulgakova.ru/index.php?id=4 (Russisch).

russlandjournal.de/buecher/russische-klassiker/michail-bulgakow.html (Deutsch, über Bulgakow und sein Werk)

Der Eintritt am Abend ist frei. Wir empfehlen den Besuch ab 21.00 Uhr am Abend.

In der Wohnung gibt es ein nettes kleines Kaffee und um 22.00 Uhr diverse Führungen durch Bulgakows Moskau (in russischer Sprache). Bulgakow gilt als Meister der russischen Satire und der literarischen Ironie, um das Leben in der Sowjetunion zu beschreiben.

Sein Hauptwerk „Meister und Margarita", ist auch Programm für eine nächtliche Führung durch Moskau, die das Museum anbietet. Die Stadtführungen sind kostenpflichtig aber mit ca. 200 Rbl. € 6.00) nicht teuer und finden Abends zwischen 22.00 bis 24.00 Uhr statt.

Zu den herausragenden Werken des Autors gehört „Hundeherz", das verfilmt wurde und als Einstimmung zu Bulgakow nur empfohlen werden kann. Bücher in deutscher Übersetzung von Bulgakow, die wir mit dem Hinweis „bitte zwischen den Zeilen lesen und die Sujets als Symbolik verstehen", vorschlagen:

Der Meister und Margarita ISBN 978-3630620930 Broschiert

Hundeherz ISBN 978-3423123433 Taschenbuch

Begemot fehlt auch nicht, der schwarze Kater liegt hübsch und frisch gebürstet, selbstverständlich lebend, meistens auf der Anrichte im Salon (wo sich auch das Kaffee in der unmöglichen Wohnung befindet). Sie sehen, ohne vorher Meister und Margarita gelesen zu haben, würde ein Besuch der Wohnung nur halb soviel Spaß machen. Im Kaffee kann man interessante Menschen treffen.

Metrostation Majakowskaja, Ul. Bolschoj Sadowaja Nr. 4 im Hof.

Apropos interessante Menschen, dafür gibt es noch einen Ort in Moskau das „**Bilingua**", Kaffee, Buchladen und Underground Club:

Internetressource:

---

www.bilinguaclub.ru (russisch)

Der Club bietet, Musikabende, Literaturabende und vieles mehr. Tagsüber kann man Kaffee trinken und in Büchern stöbern, die es sonst in keinem Buchgeschäft gibt. Russisch Grundkenntnisse werden, außer an Musikabenden, dringend empfohlen. *Metro Turgenewskaja, Kriwokolennij Per. Nr. 10 (kleine ParallelStraße zur MjasnizaStraße).*

Die Straßenbahn (im Volksmund Anuschka genannt Nr. A oder 39) bringt Sie von der Metrostation Tschisti Prudi, durch ein Stück Altstadt bis zur Metrostation Schabolowskaja (orangefarbene Linie).

Die Straßenbahn fährt am **Danilowski Kloster** vorbei (das man unterwegs besichtigen kann).

Internetressourcen:

www.hostel-snail.ru/de/?pid=195 (Deutsch)

Und am *Serpuchwoskaja Wal* sehen Sie ein rundes Gebilde. Dies ist **der Markt** der im Buch „Jenseits russischer Villen" von A. Prochanow, im Kapitel „Moskauer Babylon" beschrieben wird. Wer das Buch gelesen hat, dem empfehlen wir einen kleinen Rundgang.

Alexander Prochanow „Jenseits russischer Villenzäune"
ISBN 978-3837010541

Eine ebenfalls nette Idee ist das **Puppenmuseum** an der Pokrowka Straße Nr. 13

```
www.dollmuseum.ru (Russisch)
```

Der Eintritt in das Museum ist kostenlos.

Am einfachsten wieder bis zur Metrostation Tschisti Prudi und von dort alles den gleichnamigen Boulevard entlang, bis zu dessen Ende. Die erste größere Straße ist die Pokrowka.

Gefallen Ihnen Puppen?

Ebenfalls ausgefallen das **Puppenmuseum** an der Warwarkastr. 14 (*Metro Station Kitai Gorod Ausgang Richtung ex. Hotel Rossija*) ein Haus selbst wie eine Puppenstube eingerichtet. Weitere Infos in Russisch.

```
www.museum.ru/M1140#web
```

Achtung! Dieses Museum arbeitet nur dienstags, freitags und samstags.

Wie wäre es mit dem **Revolutionsmuseum**? Untergebracht ist das Museum im ehemaligen Englischen Club an der Twerskaja 21 Metrostation Twerskaja) Während im 2. Stock noch einige Exponate der ursprünglichen Ausstellung aus der Sowjetzeit zum Thema „Revolution" erhalten sind, werden im 1. Stock diverse wechselnde Ausstellungen gezeigt.

Wer sich für Kunst interessiert, die nicht für Touristen gedacht ist, dem sei das „**Haus der Künstler**" (ZDX Zentralnij Dom Chudoschnika am Krimcki Wal 10-14 empfohlen (*Metrostation Oktjabrskaja oder Park Kultura und über die Brücke gehen*). Das selten hässliche Gebäude aus dem Jahre 1979 sollte damals die Tretjakowski Galerie entlasten. Neben vielen Ausstellungen, befinden sich hier im zweiten und dritten Stock auch Galerien und Antiquitätenhändler. Qualität und Preis sind unterschiedlich. *Laufende Ausstellungen werden hier publiziert.*

www.timeout.ru/place/museum/7206/(nur in Russisch)

Zu guter Letzt **die Sandunowski Banja** (russische Sauna), frisch renoviert und ein Juwel der Stadt. Männer und Frauen sind getrennt, Badetücher etc. kann man mieten. Geöffnet von 8.00 bis 22.00 Uhr täglich. Eintritt 1.000 Rbl. Neglinnaja Str. 14 *(Metrostation Kusnezki Most).*

Internetressource:

www.sanduny.ru (Englisch)

www.russen-art.de

Tipps für St. Petersburg

Neben Schlössern und der Ermitage hat Petersburg vor allem auch eine lebendige Kunstszene zu bieten.

Künstlern bei der Arbeit zusehen oder selbst mit anpacken, dies kann man in jedem Alter, im **„Art Zentrum"** **„Puschkinski 10"**. Wechselnde Ausstellungen sind kostenlos zu besichtigen.

Spektakulär und sehr beliebt, das Kaffee oben auf dem Dach des Hauses.

Gegenüber dem Moskauer Bahnhof gelegen an der Puschkinskaja Ul.10. Ausstellung geöffnet von 15.00 bis 19.00 Uhr (Montag und Dienstag geschlossen)._ In dem Gebäude ist ein Musikkaffee mit dem Namen „Fischfabrik" untergebracht. Daneben gibt es die unterschiedlichsten Kunstateliers, die auch Kurse und Vorträge anbieten.

Internetressource:

www. pushkinkskaja-10.spb.ru (russisch)

Das **Theater und Kunstmuseum** St. Petersburg, ist ein besonderes Museum für alle, die sich für Theater, Musik und Kino interessieren. Beheimatet am Ostrowski Pl. 6, mit wechselnden Ausstellungen.

Hier werden seltene Filme jeweils am Mittwoch um 18.00 Uhr und Samstag um 17.00 Uhr gezeigt. Zudem besitzt das Museum mehrere Filialen in der Stadt. Besonders für Ballettfreunde und Liebhaber der russischen Literatur interessant.

Internetressource:

> www.theatremuseum.ru Russisch / Englisch

Brot war für Sie bis jetzt nur Brot? Brot kann vieles sein, dies wird **im Brotmuseum** vorgeführt. Aus Brot machen Gefängnisinsassen Schachfiguren. Brot wurde zu einem begehrten Produkt im besetzten Leningrad. Ligowski Pr. 73 Geöffnet täglich 10.00 bis 17.00 Uhr.
Metrostation Ligowski Prospekt, von da weiter mit der Straßenbahn 10, 16, 25

Internetressouerce:

> www.museum.ru/museum/bread Russisch/Englisch

Das **politische Museum** ist nicht nur eine Geschichtsausstellung sondern dank Artefakten des NKWD und des KGB, darf man sich auch gruseln.

Geöffnet täglich 10.00 bis 18.00 Uhr. (Außer Donnerstag) Ul. Kuibschewa 2-4 *Metrostation Gorkowskaja*

> www. polithistory.ru Russisch-Englisch

Zum Essen gehen empfehlen wir das **Restaurant 1001 Nächte.**

Ul. Millionnaya 21 (Metro Newski Prospekt). Sehr gute Usbekische Küche und abends Bauchtanz

Infos über die Restaurants der Stadt in Englisch und Russisch

Internetressouerce:

spb.menu.ru/ Russisch und Englisch

Kaliningrad

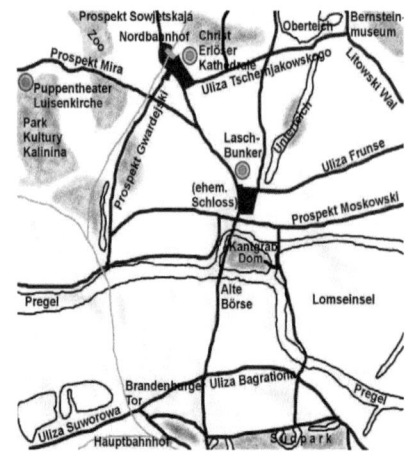

Das Vorurteil ist recht für den Menschen gemacht, es tut der Bequemlichkeit und der Eigenliebe Vorschub, zweien Eigenschaften, die man nicht ohne die Menschheit ablegt.

Immanuel Kant, (1724 - 1804), deutscher Philosoph aus Königsberg

Tipps für Kaliningrad

Kaliningrad, das ehemalige Königsberg ist gerade bei nicht so Russland-erfahrenen Individualtouristen sehr beliebt. Kein Wunder – in ein paar Stunden ist man per Auto oder Bahn schon da – schneller als in die baltischen Staaten, die von Mitteleuropa aus noch dahinter liegen. Mit dem Flugzeug ist es ein Katzensprung ab Berlin.

Sehr bekannt ist die Stadt vor allem für den aus deutscher Zeit stammenden Königsberger Dom, der mittlerweile aufwändig restauriert wurde und das daneben liegende Grab von Immanuel Kant. Doch Kaliningrad hat mehr zu bieten, als Dom, Kant und Bernsteinmuseum, die in den normalen Reiseführern recht ausführlich geschildert werden und auf deren nähere Darstellung wir in unserem Buch aus diesem Grund verzichten. Wer hierzu mehr Informationen sucht, wird übrigens auch auf den Internetseiten fündig, die am Ende dieses Kapitels genannt sind.

Seit den frühen 90er Jahren hat Kaliningrad die Möglichkeiten des Tourismus für sich entdeckt und besinnt sich auch allgemein stärker auf die deutsche Tradition des ehemaligen Königsbergs. So ist eine Rekonstruktion des alten Schlosses sowie von Teilen des Stadtviertels auf der Kneiphofinsel geplant, auf der der Dom steht und die aktuell ein reiner Park ist. So ist auch Kaliningrad, das in deutschen Reiseführern die aus den 90er Jahren stammen und für Heimwehtouristen geschrieben wurde und gerne mit negativem Beigeschmack geschildert wird, auf jeden Fall einen Besuch wert – von Jahr zu Jahr mehr.

Für Interessierte am Zweiten Weltkrieg haben die Russen ein besonderes Schmankerl, das man so in Deutschland kaum sieht. In der „Festung Königsberg" führte die eingekesselte deutsche Wehrmacht in den ersten Monaten des Jahres 1945 einen sinnlosen Abwehrkampf. Gelenkt wurde dieser in der Endzeit vom **Lasch-Bunker** aus, benannt nach dem letzten Kommandeur der Deutschen, Otto Lasch.

Nach der Eroberung der Stadt haben die Russen diesen Bunker nicht etwa zugeschüttet oder in ein Mahnmal umgestaltet. Stattdessen wurde alles so gelassen, wie es die letzten deutschen Offiziere verlassen haben, um ein paar anschauliche Modelle mit Schlachtenszenen ergänzt und dann als Museum der letzten deutschen Tage eröffnet. Komplett mit alter Einrichtung und Installationen.

So authentisch erlebt man Relikte aus dieser dunklen deutschen Vergangenheit außer in den polnischen KZ-Gedenkstätten sonst kaum noch.

Der Lasch-Bunker befindet sich in der Uliza Universitetskaja neben der Kaliningrader Universität – gleich neben dem Kant-Denkmal. Er ist täglich von 10.00-17.00 Uhr geöffnet.

Für Reisende mit Kindern ist das **Puppentheater in der Luisenkirche**, ebenfalls ein Relikt aus der deutschen Zeit, einen Besuch wert, doch nicht nur für sie. Das Puppenensemble ist weltbekannt und man benötigt als Zuschauer nicht unbedingt russische Sprachkenntnisse. Außen herum liegt ein netter Vergnügungspark mit Riesenrad und Karussellen.

Um den Kirchenbau gibt es eine interessante Geschichte, wie

sie von engagierten Russen vor der Einebnung in der Sowjetzeit gerettet wurde. Eigentlich sollte der neuromanische Kirchenbau 1968 abgerissen werden und einem Puppentheater-Neubau Platz machen.

Doch der beauftragte Architekt Juri Waganow, der die Kirche retten wollte, verbündete sich mit Igor Grabow vom örtlichen Institut für Zivilbauten. Er machte einen fingierten Kostenvoranschlag, nach dem der Umbau der Luisenkirche in ein Puppentheater wesentlich günstiger sei, als der Neubau. Das war leider gelogen und eine solche Lüge zur Breschnjew-Zeit ein sehr gefährliches Unterfangen.

Doch es glückte und so können heute Groß und Klein im 1901 fertig gestellten Kirchenbau Puppenspiele genießen. Bevor Heimwehtouristen die „zweckentfremdete" Verwendung des Kirchenbaus kritisieren, sollten sie überlegen, dass genau diese Verwendung dafür gesorgt hat, dass die Kirche heute im alten Glanz erstrahlt. Eine Rettung als Kirche wäre zur atheistisch geprägten Sowjetzeit völlig aussichtslos gewesen. Stattdessen sollte man die Luisenkirche als ein mit Leben und Kinderfreude gefülltes Denkmal der Völkerverständigung begreifen.

Wer etwas richtig Russisches in der Stadt sehen will, sollte sich die neue **Christ-Erlöser-Kathedrale** anschauen. Russisch-Orthodoxen Prunk mit Goldkuppeln, Ikonen und allem Drum und Dran erlebt man hier. Der Bau ist das höchste Gebäude Kaliningrads und die größte orthodoxe Kirche so weit im Westen.

Die Kathedrale befindet sich am Pobedy-Platz und wurde erst

2006 eingeweiht, weshalb sie in älteren Reiseführern meist als Baustelle erwähnt wird, was inzwischen nicht mehr stimmt. Wie fast alle neuen Kirchen in Russland ist sie im spätbyzantinischen Stil und ohne jeden Modernismus gebaut und somit ein echtes Stück urtümliches Russland und vor allem für alle interessant, die noch nicht bis ins Mutterland gekommen sind.

Putin und der Patriarch der russischen Orthodoxie Alexej II. waren beide bei der Einweihung anwesend. Über 3.000 Gläubige haben im Gotteshaus Platz und die vielen Buntglasfenster sorgen für interessante Lichteffekte.

Die Gegend rund um die Kathedrale ist jedoch nicht nur wegen des Kirchenbaus interessant. Es ist das neue Herz Kaliningrads. Hier, wo früher am Hansaplatz der Nordbahnhof lag (letzterer steht noch immer und wurde zum Seemannsheim umgewidmet), sieht man deutlich, dass es sich bei Kaliningrad um eine pulsierende und moderne russische Stadt handelt. Hier in der Gegend finden sich die meisten Lokalitäten (siehe weiter unten). In der Uliza Tschernjachowskogo ist der größte Markt der Stadt und direkt am Platz befinden sich auch das Oberkommando der russischen Ostseeflotte und das Rathaus. Wer lebendiges Kaliningrad sehen will und nicht nur Heimwehtourismus betreiben möchte, muss hierher kommen und darf nicht in der ruhigen Parklandschaft im Zentrum des alten Königsbergs verweilen.

Spezielle Tipps zum abendlichen Ausgehen und zur Übernachtung dürfen hier natürlich nicht fehlen. Titanic-Fans müssen unbedingt im gleichnamigen Restaurant Halt machen. Das **Titanic** sieht mit einer Inneneinrichtung aus Reliquien und Fotos des gleichnamigen Schiffes (bestimmt alles echt und nur Originale, wie überall in Russland) wirklich stilecht aus und natürlich ist die Fischkarte reichhaltig.

Den besonderen Clou bieten jedoch die Fensterplätze in frei schwebenden Rettungsboten. Wenn da noch kein Titanic-Feeling aufkommt, kann man sich nur noch, wenn das nötige Kleingeld dazu reicht, Kate Winslet als Tischdame mit in die Stadt bringen.

Das Restaurant befindet sich *in der Nähe des Zentralmarkts, in der Uliza Tschernjachowskogo.*

Wer kein Titanic-Fan ist, sondern in Kaliningrad schwerpunktmäßig richtige russische Küche testen möchte, dem sei das **Traktir Rasgulaj** empfohlen. Es herrscht, gelegen am Sowjetski Prospekt, Landgasthofatmosphäre vor, man spricht Englisch und jeden Abend gibt es Live-Musik. Es ist täglich von 13.00 bis 2.00 Uhr geöffnet.

Soll es eher günstig sein, hilft das **Bistro Soljanka,** geöffnet von 9.00 bis 22.00 Uhr am Prospekt Mira weiter. Die gleichnamige, reichhaltige russische Spezialität kostet hier gerade mal umgerechnet drei Euro – allerdings bei Selbstbedienung.

Für die „ewig- deutsch Esser" gibt es am Litowski Wal das **Reduit** mit selbst gebrautem Bier in einem Gebäude aus der deutschen Zeit. Spezialität: Eisbein mit Sauerkraut.

Anreiseinfos: *Ab Berlin gibt es einen Direktzug, den Königsberg-Express, eine Wiederbelebung aus alten Zeiten (10 Stunden Fahrzeit ab Berlin). Mit dem Auto geht es für Norddeutsche am schönsten an der Ostsee entlang über das polnische Sczcecin/Stettin, Slupsk, Gdynia, Gdansk/Danzig und Elblag zum Grenzübergang Braniewo (E28, E77). Süddeutsche und Schweizer fahren kürzer über Dresden, Legnica/Liegnitz, und Poznan/Posen nach Elblag. Niederbayerische und österreichische Autofahrer erreichen über Praha/Prag und Hradec Kralove in Tschechien, sowie Wroclaw/Breslau und Bydgoszscz in Polen wesentlich schneller Elblag als über die Umwegstrecken, die manche Routenplaner und Navis wegen ihres Deutschlanddenkens vorschlagen. Mit dem Flugzeug gelangt man von mehreren deutschen Flughäfen mit KD Avia nach Kaliningrad.*

Internetressourcen:

koenigsberger-express.com und kaliningrad.aktuell.ru (beides Onlinezeitungen auch mit Reiseinfos)

Tipp! Unterkünfte in Russland

Bei den Artikeln in diesem Buch finden sich selten Hotellinks, da wir unseren Führer nicht mit derartigen Aufzählungen überfüllen und unnötig verteuern wollten. Ein Hotel in jeder großen russischen Stadt kann man heutzutage über Internetseiten bequem von zu Hause aus reservieren. Passende Adressen von seriösen Anbietern gibt es im Anhang. Die wenigen Hotels in den kleineren hier erwähnten Orten zu finden, ist nicht schwer und die Auswahl dort auch nicht so groß, dass es einer Übersicht bedarf. Auch muss man ohnehin vor Ort nach Zimmern fragen. Solche Hotels sind nicht international buchbar. Geld sparen kann man durch eine Unterkunftssuche im Land und vor Ort, aber das rentiert sich nur für Urlauber mit Wissen über Land und Leute. Selbst organisiert Reisenden können wir nur unseren Reiseratgeber „Russland auf eigene Faust", empfehlen, der viele Informationen zur Unterkunftssuche in Russland allgemein enthält.

Fahrräder (велосипед)

Preise kann man schnell so abklären:

www.yandex.ru und in das Suchfeld „велосипед" eingeben und auf „маркет" (Markt) drücken. Nun erscheint eine neue Seite. Sie sehen ein gelbes Feld mit dem Text „Выбор по параметрам" oder „Auswahl nach Vorgaben". Im ersten Feld „от" und „до" geben Sie einen Betrag in Rubel ein. Z.B. 1000 bis 3 000 Rbl. (umgerechnet rund 28 bis 80 Euros). Nun bekommen Sie alle Fahrräder die yandex bei Onlinehändlern in dieser Preislage findet.

Das erste Fahrrad für Erwachsene kostet 70 Euro bei www.velograd.ru

Beim gleichen Hersteller fanden wir ein Fahrrad für 60 Euro. Ein weiterer Anbieter von Fahrrädern ab 60 Euro findet man unter www.velosite.ru. Man kann per Internet bestellen oder im Laden vorbei gehen.

Velosite

Moskau, Ul. Olchowskaja. 16 Metrostation Baumanskaja

und Velograd

Moskau, Bolschoi Otschakowskaja 22, Metrostation Kunzewskaja

Wenn Sie per Internet bestellen, wird das Fahrrad zu Ihnen ins Hotel gebracht. Zahlung erfolgt bei Lieferung.

Bei www.onvelo.ru gibt es nicht nur Fahrräder sondern auch Zelte und Schlafsäcke. Zelte ab 50 Euro, Schlafsäcke ab 20 Euro. Dieser Anbieter verkauft nur über Internet liefert aber in in ganz Russland aus. Neben Fahrrädern ab 80 Euro, bietet der Shop auch GPS Navigation, Gaskocher und Treckingschuhe an.

In Petersburg haben wir folgende Geschäfte gefunden:

velodrive.ru
Und wer vorbei gehen möchte, findet den Laden am *Kolomjaschskam Per. 26. Metrostation Pionirskaja*

Und wir haben einen Fahrradverleih in Petersburg gefunden unter www.skatprokat.ru/german/ allerdings spricht die Seite trotz Link mit Fähnchen nicht Deutsch sondern Englisch und Russisch, zumindest zur zeit der Drucklegung (kann sich aber sicherlich jederzeit ändern). *Ul. Gonscharnaja 7 neben dem Moskauer Bahnhof in St. Petersburg.*

Ansonsten, wer bekannte mit einer Metrokarte besitzt kann sich auch dort umsehen. Metro führt sowohl Fahrräder als auch Zelte, Schlafsäcke etc. Die Preise bewegen sich im gleichen Rahmen wie die von uns vorgestellten Preise im Internet.
Die Internetseite von Metro finden Sie hier: www.metro-cc.ru
Metro besitzt nicht nur in Moskau und St. Petersburg Filialen, sondern auch in Ekaterinenburg, Kasan, Orenburg und vielen weiteren Orten in Russland. Einfach dem Link "торговые центры" folgen, dort gibt es eine Übersichtskarte wo Metro in Russland vertreten ist.

Mietwagen

Informationen zu Mietwagen finden Sie hier:

http://www.sixt-rent.ru/en.html
www.europcar.ru/eng/
www.rentacar.ru/index.php (Firma Hertz in Russisch)
www.avis-rentacar.ru/en/main/

Wer selber nachsehen möchte, einfach www.google.ru und dort „аренда автомобилей" eingeben.

Fotos

Uspenskikathedrale	Autor : vitautas
Susdal Maria-Himmelfahrtkathedrale	Autor: E. Zelenko
Straße Kastroma	Autor: Silonov
Belosersk 1912	
Turm Kaljasin	Autor: A. Volykhov
Uglitsch	Autor: M. Kabel
Häusern in Myschkin	Autor: A. Filyuta
Twer	Autor:S1
Torschok 1910	
Protwino	Autor: Maria Fedossowa
Wisent	Autor: Sven L.
Tarussa	Autor: G.Jütte russland.ru
Marx	Autor: E.Kasten
Eingang Stalinbunker	Autor:R. Bathon
Urallandschaft	Autor:R.Bathon
Heilig Blut Kathedrale	Autor: S. Tonkich
Skulpturenmeile	Autor: R. Bathon
Orgelhalle	Autor R. Bathon
Kapelle Ust-Kataw	Autor:R.Bathon
Uralbrücke in Orenburg	Autor R. Bathon
Rathausturm in Orenburg	Autor R.Bathon
Sol-Ilezk	Autor: R. Bathon
Ural im Winter	Autor: M. Melnikow

Alle Elchfotos von Alexander Minaev (wissenschaftlicher Leiter der Elchfarm bei Kastruma, mit freundlicher Genehmigung)
Gemälde von Kant   Maler: Becker um 1765
Karten von R. Bathon

Alle Fotos stammen aus Privatbesitz und open sources wie:
www.pixelio.de und freie Lizenz wikipedia.org

Literatur

Reisen in Russland

- Roland Bathon/Sandra Ravioli: *Russland auf eigene Faust*, BoD-Verlag, NachRussland-Reihe, ISBN 978-3833498695; Ratgeber für alle Reisearten, ideale Ergänzung zu jedem Reiseführer bei selbst organisierten Touren

- Angelika Gebhard/Andrey Alexander: *Wolgareise*. Herbig Verlag, ISBN 377662521X; Segelboot-Reise auf russischen Flüssen mit kulinarischem Einschlag (2007)

- Annemarie Lohfeld: *Im Auto durch Rußland, Baltikum und Ukraine*. Frieling Verlag, ISBN 3828001483;(96) zwei Damen mit dem Auto durch Westrussland und die Ukraine

- Doris Wiedemann: *Taiga Tour*, Reise Know-How-Verlag, ISBN 3896623826; mit dem Motorrad quer durch Russland bis Korea (2004)

- Georg Kirner: *Ein Rucksack voller Abenteuer aus Russland und der Mongolei*, Dannheimer Verlag, ISBN 3888810418; per Fahrrad von Sibirien in die Mongolei (02)

- Konstantin Abert: *Russland per Reisemobil*, Geocenter Verlag; Russland per Wohnmobil, Bericht mit Ratschläge 03

- Leonore Schnappert: *Abenteuer Sibirien*, Dolde Medien, ISBN 3928803352; mit dem Wohnmobil zum Baikalsee (06)

- Markus Möller: *Lenareise*. Weymannbauerverlag, ISBN 3929395436; mit dem Kajak auf dem sibirischen Strom (03)

- Merle Hilbk: *Sibirski Punk*, Kiepenheuer-Verlag, ISBN 3378010819; mit dem Auto durch den Osten Sibiriens (2006)

- Michael Giefer: *Zu Fuß ins Land des Dschingis Khan*, Herder Verlag; zu Fuß vom Baikalsee zur Wüste Gobi(06)

- Wolfgang Büscher: Berlin-Moskau, eine Reise zu Fuß, Rowohlt Verlag, ISBN 349923677X; zu Fuß von Berlin nach Moskau (2004)

Der tiefere Blick ins Land

- Sandra Ravioli: *Firmenpraxis in Russland*, BoD Verlag, NachRussland-Reihe, ISBN 978-3-8370-0299-7
- Alexander Prochanow: *Jenseits russischer Villenzäune* BoD-Verlag, NachRussland-Reihe, ISBN 9783837010541
- Fen Montaigne/Gerd Ludwig: *Russland*, National Geographics, der etwas andere Fotoblick auf Russland
- Gabriele Krone-Schmalz: *Was passiert in Russland*, Herbig, ISBN 978-3776625257
- Kai Ehlers: *Russland – Aufbruch oder Umbruch*, Pforte Verlag, ISBN 3856361847; kurz, prägnant und tief hinter die Kulissen der aktuellen Politik dieses Jahrzehnts
- Roland Bathon: *Russischer Wodka*, BoD-Verlag, NachRussland-Reihe, ISBN 978-3-8370-0173-0; umfassende Auskunft zum „Wässerchen" und seiner Stellung in seiner Heimat

Russische Sprache

- Elke Becker: *Kauderwelsch, Russisch Wort für Wort*, Reise Know-How Verlag, ISBN 3894162937; Sprechführer für typischen Reisendenalltag
- Ljubow Kossobokowa: *Langenscheidts Praktisches Lehrbuch, Russisch, Teil 1*, Langscheid Verlag, ISBN 3468262914; für ernsthafte Russisch-Lerner/innen (Anfänger)
- Holger Knauf: *Russisch Slang*, Reise KnowHow Verlag, ISBN978-3-89416/383-9; der Teil der russischen Sprache, den man nicht im normalen Unterricht lernt (für Fortgeschrittene)
- Vladimir Gandelman: *Bertelsmann Taschenwörterbuch, Russisch*, Berthelsmann Lexikon Verlag, ISBN 3577105585; handtaschentaugliches Wörterbuch

2. Adressen für Russlandreisende

Spezialisierte Reiseveranstalter mit Service für Individualreisende

- Sicher Reisen Nietzsche GmbH, Möhlstraße 7, 81675 München, www.sicher-reisen.de
- Riesreisen, Omerskopfstraße 80, 77855 Achern, **www.riesreisen.de**
- Sputnik Travel, Stresemannstraße 107, 10963 Berlin, **www.sputnik-travel-berlin.de**
- Go East, Bahrenfelder Chaussee 53, 22761 Hamburg, **www.go-east.de**

Unterkünfte und Visumunterstützung direkt aus den Netz

- NachRussland-Reiseservice, Visumunterstützung, Hotels und Appartements direkt **service.nachrussland.de**
- Der Sankt-Petersburger – Vermittlung von Ferien-appartements, www.der-sankt-petersburger.de
- Nevsky GmbH, Schweiz, info@nevsky.ch, Internet: www.st-petersburg.ch
- Rauschen Reisen, Oleg Kononin, Internet: www.rauschen-reisen.de (Unterkunft in Swetlogorsk in der Kaliningrad-Region)
- Sankt-Petersburg-Ferienwohnungen, Internet: www.saint-petersburg-apartments.com/de/
- Vesta-Hotel, 92, Nevsky Prospekt, Sankt Petersburg, vshotel@rol.ru; Internet: http://www.vestahotel.spb.ru/de/
- www.petersburg-hotel.com - Minihotels in Sankt Petersburg unter Schweizer Leitung
- **www.apartment-stpetersburg.com**
- **www.russian-hotels.de**

Per Flugzeug, Schiff oder Bahn nach Russland

- Aeroflot www.aeroflot.de (Flüge)
- Bund Naturschutz service.bund-naturschutz.de Tickets
- DB Autozug, www.nachtzugreisen.de (Bahntickets)
- Austrian Airlines, Internet: www.austrian-airlines.at
- CSA Czech Airlines Internet: www.csa.cz (Flüge)
- Lufthansa, Internet: www.lufthansa.de; (Flüge)
- LOT Polish Airlines, Internet: www.lot.pl (Flüge
- Omskavia Airlines, www.omskavia.ru (Flüge)
- S7 Airlines Frankfurt, Internet: www.s7.ru (Flüge)
- Transaero Airlines Internet: www.transaero.de (Flüge)
- Kavminvody Avia, c/o Aerolink GmbH, E-Mail: aerolink@t-online.de, www.kmvavia.aero (Flüge
- KrasAir / Krasnojarsk Avia, c/o Meridian Reise- und Handels GmbH, www.krasair.ru (Flüge)
- Kuban Airlines, c/o Merk Reisen GmbH, E-Mail: info@merk-reisen.de, www.kuban-airlines.de (Flüge)
- Neufeld GmbH, www.semljaki.de (Tickets für 15 kleinere Fluggesellschaften der GUS)
- Ural Airlines, www.uralairlines.ru (Flüge)
- Baltic Line Schiffahrtsgesellschaft mbH, 24103 Kiel Tel: 0431-982000, Tel: 0130-848595 Reservierung, Fax: 0421-9820060 (Fährtickets)
- Schnieder Reisen GmbH, Baltikum-Fährbüro, Kiel, Tel: 0431-203044, Fax: 0431-203222 (Fährtickets
- RUSSOCHART Shipping GmbH, Hamburg Tel: 040-334444, Fax: 040-337600, 337667 (Fährtickets)

Botschaften und Konsulate
- Botschaft der Russischen Föderation in Deutschland, Unter den Linden 63-65, 10117 Berlin, Tel. +49-(0)30 2291110; Internet: www.russsische-botschaft.de

- Botschaft der Russischen Föderation in Österreich, Tel.: +43 1 7121229, vienna.rusembassy.org
- Botschaft der Russischen Föderation in der Schweiz, Tel.: +41 31 3520566: bern.rusembassy.org
- Deutsche Botschaft Moskau, Uliza Mosfilmowskaja 56, Moskau, Tel: 84959379500, moskau.diplo.de;
- Luxemburgische Botschaft Moskau , Khroutchevsky Péréoulok, Moskau, Tel.: +7 495 7866663
- Österreichische Botschaft Moskau, Starokonjuschennyi Per 1, Mosk.; aussenministerium.at/moskau
- Schweizer Botschaft Moskau, Per. Ogorodnoi Slobody 2/5,Moskau; www.eda.admin.ch/moscow

Ausgefallenes und Verrücktes
- Eurolimousine Russia, TK Consult - Krügl Reisen, www.ete-russia.com - Service vor Ort im Luxus- und VIP-Bereich (und –preissegment), Visaservice

Links
Infoseiten über einzelne Regionen siehe jeweils beim entsprechenden Artikel.

Deutschsprachige Nachrichten aus Russland
- www.russland.ru - die führende Onlinezeitung über Russland auf Deutsch
- www.mdz-moskau.eu - Onlineausgabe der Moskauer Deutschen Zeitung
- www.koenigsberger-express.com - Onlinezeitung aus Kaliningrad/Königsberg
- www.russland.tv - Audio und Video aus Russland und über Russland
- www.eurasischesmagazin.de - monatliche Zeitschrift

Deutschsprachige Homepages mit Reiseteil

- www.inrussland.net - Reisereportagen, Regioneninfos, Multimedia (Filmclip, Fotogallerien u.a.)
- www.nachrussland.de - Infos für Individualreisende und alle Reisearten, Rezensionen von Russlandbüchern
- www.russlandjournal.de - Online-Illustrierte, auch mit Rezept- und Reiseinfoabteilung
- www.abenteuerreisen-klapproth.de - private Reiseseite der „Sternenflüstern"-Familie
- www.sprachen-interaktiv.de - mit Reisebericht Moskau – Ulan-Ude
- www.russlandnetz.de – Wirtschaft, Dolmetscher, Reisetipps

Russisches Kartenmaterial

Außer Stadtplänen von Moskau und Sankt Petersburg erhält man gutes Kartenmaterial über Russland fast ausschließlich bei folgenden Spezialisten

- www.mittelosteuropa-landkarten.com - original russisches Kartenmaterial hier online
- www.daerr.de - für Reisen in abgelegenere Gebiete
- www.mairdumont.de - Standardanbieter mit einigen Russland-Straßenkarten (die es überall gibt)
- www.mirkart.ru - 15 Online-Stadtpläne (russisch)
- www.etlas.ru - 39 Online-Stadtpläne (russisch)
- map.avtograd.ru - Stadtplan von Toljatti (russisch)

Weitere russische Themen im Internet

- www.konzerte.ru - Events russischer Künstler in Mitteleuropa
- www.russlandsuche.net - durchsucht deutschsprachige Russlandseiten

- www.wodka.de.tt - alles über russischen Wodka
- www.parliament-vodka.com
- www.inmoskau.de - Blog aus Moskau
- www.maxinmoskau.de - Blog aus Moskau
- www.imoe.de - Informationsagentur Mittel-Osteuropa
- www.russen-art.de - russische Videokunst als Onlineclip-Sammlung
- www.bad-bad.de/russen - Russen in Baden-Baden
- www.lichtfilm.de - Studio für Dokumentarfilme – auch aus Russland

Literatur online
- www.pinkrus.ch - Spezialist für Russlandbücher und russische Bücher
- www.suchbuch.de - Sachbuchsuche und Leseproben
- www.kulturportal-russland.de
- www.minigaid.de - Kulturportal mit russischem Akzent
- www.maerchen.ru - russische Märchen auf Deutsch

weitere Surftipps
- www.kulinariker.de - Onlinemagazin für Gourmets und Lifestyle
- www.heckzelt.de - Zelte und Offroad-Zubehör
- www.carolin.no - Art-Pop
- www.bambu.maerchenbasar.de - Kindergeschichten
- www.siwi-art.de - Figuren kommen zum tragen
- www.rosisartonline.de.tl - mit Feder, Stift und Pinsel
- www.geschichten.ru - Fantasy und Märchen
- www.tours-reisen.de - Individualreisenden-Onlinemagazin

Etwas andere Russlandbücher

Roland Bathon / Sandra Ravioli
Russland auf eigene Faust
Ratgeber für Urlaub und Business
ISBN / EAN 978-3833498695
broschiert, 120 Seiten

Sandra Ravioli
Firmenpraxis in Russland
Rategeber, Spiel- und Verhaltensregeln
für jedes Business
ISBN / EAN 978-3837002997
broschiert, 144 Seiten

Roland Bathon
Russischer Wodka
Wodka aus Russland, Wodka in Russland
ISBN / EAN 978-3837001730, broschiert,
zahlreiche Abbildungen 128 Seiten

Alexander Prochanow
Jenseits russischer Villenzäune
Surrealität des menschlichen Daseins
im heutigen Russland
ISBN / EAN 978-3837010541, broschiert,
196 Seiten

www.russland-buecher.ru

Etwas andere Russlandbücher

Sandra Ravioli
Russische Alltagskultur
Von A wie Arbeitsplatz bis Z wie Zeit
April 2008 im Buchhandel

Alexander Prochanow
Russland - das 5. Imperium
August 2008 im Buchhandel

Roland Bathon/Roselinde Dombach
Der Frostkönig
Zweisprachiges Wintermärchen
russisch/deutsch - mit liebevollen
Illustrationen-Sep. 2008 im Buchhandel

Sandra Ravioli / Larissa Agafonowa
Buchhaltung und Steuern
in Russland
Oktober 2008 im Buchhandel

Vorschau 2009:
* Sotschi und Russland´s Süden
* russland.RU - 10 Jahre Hintergründe
  und Analysen
* Alte Zarenküche